Se vend au profit d'une bonne œuvre

NOTRE-DAME DE LOURDES

GUÉRISON

DE

CAROLINE ESSERTEAU

RELATION

ADRESSÉE A S. G. Mgr PIE, ÉVÊQUE DE POITIERS

PAR L'ABBÉ GUILLET

*Il est honorable de révéler et de
confesser les œuvres de Dieu.*

TOB. XII, 7.

TROISIÈME ÉDITION SUIVIE D'UN SUPPLÉMENT

Revue et corrigée par le R. P. MERCIER, S. J.

* * *

LIBRAIRIE RELIGIEUSE H. OUDIN

PARIS	POITIERS
10, RUE DE MÉZIÈRES	4, RUE DE L'ÉPERON

1895

Droits de traduction et de reproduction réservés

GUÉRISON

DE

CAROLINE ESSERTEAU

POITIERS. — TYPOGRAPHIE OUDIN ET Cⁱᵉ

(1) Au premier plan, l'*esplanade* où s'élève la *statue de la Vierge couronnée*; — (2) plus loin, l'*église du Rosaire*, (3) et les *rampes* par lesquelles on monte — (4) à la *Basilique* vue de face; (5) à gauche, la *résidence des Pères missionnaires* — (6) et le *chalet des évêques*; (7) enfin, dominant le tout, le *couvent des religieuses de l'Immaculée-Conception*, à la fois maison mère et noviciat de la Congrégation. (*Voir les Renseignements à la fin du volume*).

Se vend au profit d'une bonne œuvre

NOTRE-DAME DE LOURDES

GUÉRISON

DE

CAROLINE ESSERTEAU

RELATION

ADRESSÉE A S. G. Mgr PIE, ÉVÊQUE DE POITIERS
PAR M. L'ABBÉ GUILLET

*Il est honorable de révéler et de
confesser les œuvres de Dieu.*
(Tob. XII, 7.)

TROISIÈME ÉDITION SUIVIE D'UN SUPPLÉMENT

REVUE ET CORRIGÉE PAR LE R. P. MERCIER S. J.

LIBRAIRIE RELIGIEUSE H. OUDIN

PARIS | POITIERS
10, RUE DE MÉZIÈRES | RUE DE L'ÉPERON, 4

1895

Droits de traduction et de reproduction réservés.

PRÉFACE

I.

POURQUOI CETTE TROISIÈME ÉDITION.

Cet ouvrage n'est pas nouveau : deux éditions déjà en ont paru et ont été rapidement épuisées ; le public le redemande avec instance, et c'est pour lui obéir que nous avons entrepris cette troisième édition.

Cette faveur de l'opinion tient à deux principales raisons : d'abord, à la magnificence de l'événement merveilleux qui fait l'objet de ce récit ; en second lieu, au caractère du narrateur.

La guérison de Mlle Caroline Esserteau est bien, en effet, l'une des plus extraordinaires et des plus indéniables manifestations de la puissance divine. — Cette histoire, d'autre part, se présente sous les auspices de l'autorité ecclésiastique, et à ce titre, on y rencontre des garanties exceptionnelles d'authenticité.

En ce siècle de matérialisme et de doute, il est opportun de publier les preuves de cette *action surnaturelle* qui agit sans cesse dans le monde: pour les âmes de bonne foi et de bonne volonté, c'est un appel à la lumière, une invitation à reconnaître la vérité ; pour les âmes croyantes, c'est l'occasion de louer DIEU et de proclamer la miséricordieuse toute-puissance de NOTRE-DAME DE LOURDES.

II.

LETTRES D'APPROBATION.

« Poitiers, le 15 octobre 1874.

« Monsieur le Curé,

« Je ne m'étonne pas du succès qu'a obtenu votre Relation sur la miraculeuse guérison de votre pieuse paroissienne Caroline Esserteau. Le caractère surnaturel de cette guérison subite et persistante se révèle avec une telle évidence, et toutes les circonstances qui précèdent et accompagnent ce fait offrent un intérêt si attachant, qu'on ne peut pas n'y point voir à découvert la main toute-puissante de Dieu. A mon sens, ce prodige est un des plus frappants qui aient été opérés par la grâce divine dans le sanctuaire de Notre-Dame de Lourdes, et je bénis Notre-Seigneur des heureux effets que le récit de ce miracle a produits dans un bon nombre d'âmes.

« Croyez, Monsieur le Curé, à mon bien particulier dévouement.

« † L.-E., évêque de Poitiers. »

« Bordeaux, le 16 novembre 1874.

« Monsieur le Curé,

« Je m'associe de grand cœur au témoignage que vous avez reçu de Mgr de Poitiers. Votre Relation de ce nouveau miracle ajouté à tant d'autres, s'appuie sur des preuves si irrécusables, qu'elle doit frapper tout esprit impartial. L'opposition elle-même, si victorieusement réfutée, augmente encore la véracité du fait miraculeux.

« Vous avez donc bien fait d'en publier le récit, et je vous remercie de me l'avoir adresé.

« Le sanctuaire de Lourdes, aujourd'hui vénéré de l'univers entier, nous prouve que Dieu, malgré les efforts de l'impiété, ne nous abandonne pas.

« Il y a quelques mois à peine, j'y présidais l'imposante bénédiction de quatre cloches, et j'ai pu juger par l'affluence qui m'entourait, que la foi des populations ne se ralentit pas. Daigne le ciel nous faire entrevoir ainsi le triomphe si désiré de la Religion et le bonheur de la France !

— x —

« Je vous offre, Monsieur le Curé, l'expression de mes meilleurs sentiments.

« † Ferdinand cardinal Donnet,
« Archevêque de Bordeaux. »

« Mende, 12 janvier 1875.

« Monsieur l'Archiprêtre,

« C'est de tout cœur que je vous remercie du plaisir que vous m'avez procuré en me faisant lire le récit de la guérison de Mlle Caroline Esserteau, votre paroissienne. Votre récit est attachant, et le fait, considéré en lui-même, est un des plus considérables et des mieux démontrés qui se sont passés à Lourdes.

« Je n'en connais pas de plus propre à faire bénir la miséricorde de Dieu et à faire aimer Notre-Dame.

« Je ne suis pas étonné du bien déjà fait par votre livre, et je suis convaincu qu'il est appelé à en réaliser beaucoup plus encore.

« Que Notre-Dame vous récompense donc pour cette bonne œuvre ! Quant à moi, je vous en remercie comme je vous aime, du plus profond de mon cœur.

« Agréez, cher Monsieur l'Archiprêtre, mes meilleurs sentiments en Notre-Seigneur.

« † Frédéric, évêque de Mende. »

« Limoges, 24 janvier 1875.

« Cher Monsieur l'Archiprêtre,

« C'est après avoir vu Caroline Esserteau et après avoir longuement causé avec elle que j'ai lu votre Relation. Tout ce que je peux vous en dire, c'est que ma confiance en MARIE IMMACULÉE s'est accrue, et que cette lecture, si elle n'a pu dissiper en moi des doutes qui, par la grâce de DIEU, n'existaient pas, a laissé en mon cœur une joie pieuse et douce que les années n'affaibliront pas.

« Avec mes remerciements, agréez, mon cher Monsieur, mes affectueux hommages.

« † ALFRED, évêque de Limoges. »

« Évreux, 31 janvier 1875.

« Monsieur le Curé,

« Je suis heureux de votre bon souvenir, et je vous remercie du témoignage que vous avez bien voulu m'en donner par l'envoi de votre *Pèlerinage à Lourdes*.

« Je viens de lire en entier ce très intéressant récit, et c'est la raison pour laquelle je ne vous ai pas répondu tout de suite. Le fait de la guérison de Caroline Esserteau est des plus extraordinaires, et il est impossible, ce semble, de ne pas voir là un miracle. Les circonstances qui l'ont précédé, accompagné et suivi, sont présentées par vous avec une clarté parfaite et sont des plus touchantes ; à plusieurs reprises, j'en ai été vraiment ému.

« Je forme en ce moment un comité pour organiser, au beau temps, un pèlerinage diocésain d'Évreux à Lourdes : puisse-t-il être béni comme le vôtre !

« Dites à votre heureuse miraculée que je recommande ce pèlerinage à ses prières, ainsi que le diocèse d'Évreux et son Évêque.

« Je vous remercie encore une fois, Monsieur l'Archiprêtre, et je vous prie de recevoir l'assurance de mes sentiments affectueux et dévoués.

« † François, évêque d'Évreux. »

« Poitiers, 2 février 1875.

« Mon cher Curé,

« J'ai lu dans le temps, avec le plus vif intérêt et la plus grande édification, votre Relation de la guérison merveilleuse de Caroline Esserteau. Je ne suis point surpris du succès de cette Relation, et je me réjouis de la nécessité où il vous a mis d'en donner une seconde édition. Rien de plus propre à confirmer la foi des vrais enfants de l'Église, et à ébranler dans leurs doutes les incrédules les plus obstinés. Devant un fait si patent, il n'y a qu'à s'incliner et bénir Dieu, ou à s'enfoncer dans des ténèbres qui tiennent elles-mêmes du miracle, dans le plus mauvais sens. Espérons de la bonté de Dieu qu'aucun de vos lecteurs ne se jettera dans cette triste extrémité.

« Pour moi, je bénis Dieu d'avoir donné à votre ministère cette singulière bénédiction, et placé dans votre paroisse comme un monument vivant de ses miséricordes.

« Je me recommande instamment à vos bonnes prières et à celles de votre paroissienne, si heureusement privilégiée, et suis de tout cœur,

« Mon cher Archiprêtre,
« Tout à vous en Notre-Seigneur,
« † Ant.-Ch.,
« ancien évêque d'Angoulême. »

« Tours, le 10 mars 1875.

« Monsieur le Curé,

« Votre brochure contenant la Relation de la guérison de Caroline Esserteau à Lourdes mérite le succès qu'a obtenu la première édition. C'est un récit très bien fait, qui mérite d'autant plus d'être encouragé qu'il a pour but de publier la gloire de la très sainte Vierge.

« Agréez, Monsieur le Curé, l'assurance de mes sentiments affectueux.

« † CHARLES, archevêque de Tours. »

« Reims, le 11 mars 1875.

« Monsieur le Curé,

« Je vous remercie du souvenir que vous avez gardé et du présent que vous voulez bien me faire. Les miracles de NOTRE-DAME DE LOURDES deviennent, sous des plumes comme la vôtre, une prédication touchante et irrésistible. Merci pour le plaisir et le bien que m'a faits la lecture de votre ouvrage, qui est en même temps une bonne œuvre que je bénis.

« Croyez, cher Monsieur le Curé, à mes sentiments affectueux en Notre-Seigneur.

« † B.-M., archevêque de Reims. »

« Albi, le 18 mars 1875.

« Monsieur l'Archiprêtre,

« Je ne saurais trop vous remercier du petit travail que vous avez eu la bonté de m'envoyer sur la guérison miraculeuse de Mlle Caroline Esserteau.

« C'est un fait des plus intéressants ; outre qu'il témoigne de la puissance de DIEU, il témoigne égale ment de la puissance de la prière : c'est par la prière que nous obtenons de son divin Cœur les grâces les plus abondantes.

« D'ici je m'associe pleinement à tout ce que votre grand et saint Evêque vous a écrit à ce sujet de si généreusement bienveillant.

« Je m'y associe avec d'autant plus de plaisir que vous avez la bonté de me rappeler une rencontre dont j'ai gardé aussi bien que vous le souvenir.

« Tout plein de cette douce réminiscence, je vous prie de recevoir, avec mes félicitations et mes remerciements, l'assurance de mes plus distingués et dévoués sentiments.

« † J.-P., archevêque d'Albi. »

« Angoulême, le 23 mars 1875.

« Monsieur le Curé,

« J'avais lu avec le plus vif intérêt le récit de la *Guérison de Caroline Esserteau*, et mon suffrage est acquis à la nouvelle édition que vous vous proposez d'en donner.

« Ce fait porte des caractères miraculeux si évidents, qu'on ne saurait trop le mettre en lumière, pour la gloire de Dieu et l'honneur de la Vierge Immaculée. Il a servi et il servira encore à inspirer la confiance envers Notre-Dame de Lourdes ; et cette confiance, en croissant dans les âmes, nous attirera de plus en plus sa douce et toute-puissante protection, tant de fois déjà manifestée.

« Veuillez bien agréer, avec mes remerciements, Monsieur le Curé, l'expression de tout mon dévouement en Notre-Seigneur.

« † A.-L, évêque d'Angoulême.

« Fernex (Ain), 19 avril 1875.

« Monsieur l'Archiprêtre,

« Votre illustre Évêque, l'Évêque de Poitiers, vous a félicité de la publication que vous avez faite sur la guérison de votre paroissienne Caroline Esserteau. Je m'empresse de joindre mon humble suffrage à une si haute approbation. Dieu se plaît à faire éclater sa puissance au milieu des négations et des oublis de ses droits. Par votre récit si attachant, vous démontrez l'existence du surnaturel qui devient visible aux yeux les plus prévenus. Je ne suis pas surpris du rapide écoulement qu'a eu la première édition de votre petit volume ; il est destiné à faire du bien aux âmes, et plus d'une, j'en suis sûr, lui devra la guérison de l'incrédulité ou de l'indifférence.

« Recevez, Monsieur l'Archiprêtre, l'expression de mes sentiments respectueux et dévoués en Notre-Seigneur.

« † Gaspard, évêque d'Hébron,
« Vicaire apostolique de Genève.

« Saint-Claude, le 12 avril 1875.

« Monsieur l'Archiprêtre,

« A la réception de votre Relation de la miraculeuse guérison de votre paroissienne, Mlle Caroline Esserteau, je me suis empressé d'en faire la lecture. Elle m'a fait éprouver un charme, un intérêt et surtout une édification que je ne saurais exprimer, de sorte qu'en faveur de votre travail je joins mon humble suffrage à l'approbation bien autrement puissante de votre pieux et savant Évêque, dont les vertus et les lumières sont, à si juste titre, appréciées dans l'Église.

« Une guérison non moins surnaturelle s'est également ment opérée sur une très intéressante jeune personne de mon diocèse, Mlle de Tinseau, que j'ai visitée pendant plusieurs années. A mon grand regret, sa famille veut ensevelir cette insigne faveur dans le silence. Celle qui en a été l'objet s'est réfugiée dans la solitude du Carmel, où elle en rend grâces à Dieu et à son immaculée Mère, la Vierge de Lourdes.

« Agréez, Monsieur le Curé-Archiprêtre, l'assurance de mes plus parfaits sentiments.

« † Louis-Anne, évêque de Saint-Claude. »

« Notre-Dame de Lourdes, le 18 mars 1875.

« Monsieur l'Archiprêtre,

« Veuillez m'excuser de ne pas vous avoir remercié plus tôt, au nom de Notre-Dame de Lourdes, de l'histoire si lumineuse, si convaincante et si pleine d'édification, de la guérison de Mlle Caroline Esserteau.

« Cette faveur merveilleuse de la Vierge Immaculée produisit ici la plus heureuse impression. En la faisant connaître plus loin, vous aidez la Mère de DIEU à accomplir son œuvre de salut dans le monde et pour le bien des âmes.

« Veuillez agréer, Monsieur l'Archiprêtre, et notre vive gratitude et notre respect le plus affectueux et le plus dévoué.

« SEMPÉ, p. m. »

III

ARTICLE BIBLIOGRAPHIQUE PUBLIÉ PAR LA « SEMAINE LITURGIQUE DE POITIERS » DANS SON NUMÉRO DU 19 AVRIL 1874.

Tout ce qui touche à NOTRE-DAME DE LOURDES a ce privilège d'exciter au plus haut degré l'intérêt. C'est ce qu'on a vu par le *Mois de Marie* de M. Henri Lasserre, qui a été, si je puis ainsi dire, la vulgarisation de son premier ouvrage, et qui a donné naissance à tant de pèlerinages admirés du monde entier comme preuve de l'esprit de foi qui règne encore dans notre pauvre France.

La même réflexion peut être faite au sujet du travail que M. l'Archiprêtre de Niort a fait paraître, il y a quelques mois, sur la guérison de Caroline Esserteau. Il y est question de NOTRE-DAME DE LOURDES : donc il doit être intéressant.

En voyant l'annonce de ce volume, insérée dans un numéro de notre feuille diocésaine, plusieurs lecteurs se sont peut-être dit : « Cette affaire nous est connue ; nous avons vu la lettre publiée par M. l'Archiprêtre au retour du pèlerinage ; les feuilles locales y ont ajouté quelques nouveaux détails, les lettres du docteur anonyme ont été impuissantes à ébranler notre foi ; nous croyons fermement à la guérison miraculeuse de Caroline, c'est une question vidée. » Que ceux qui auraient pensé de la sorte se donnent la peine ou plutôt se procurent le plaisir de parcourir ce livre, et, loin de regretter le temps qu'ils auront employé à suivre une étude si complète de cette importante affaire, ils seront heureux de toutes les satisfactions qu'ils y auront rencontrées.

La connaissance d'une vérité ne doit point nous empêcher de l'étudier. Quand bien même on croit à la divinité de Notre-Seigneur Jésus-Christ, c'est avec un grand plaisir pour l'intelligence qu'on suit les preuves sans nombre que les controversistes en ont développées, et c'est avec une bien douce émotion du cœur qu'on parcourt les pages de l'Évangile où l'âme du divin Maître est toute mise à découvert. De même pour toute chose que nous croyons : nous aimons à en voir les preuves mises dans tout leur jour, et notre jouissance est plus que doublée si, avec ce qui satisfait notre intelligence, nous trouvons quelque chose qui alimente la sensibilité de notre cœur.

Ces deux genres d'émotions se puisent dans l'ouvrage de M. l'abbé Guillet. Il y a pour l'intelligence et pour le cœur ; et, ce qui n'est pas à regretter, le cœur se trouve le mieux partagé.

Pour l'intelligence, vous avez cette argumentation irréfutable qui établit si victorieusement que Caroline était incurable, qu'elle a été guérie au contact de l'eau de Lourdes, que sa guérison est complète et persévérante, et que, par conséquent, le doigt de Dieu est là. Toutes ces preuves sont si concluantes que le seul sentiment qu'on éprouve pour les incrédules qui, ne pouvant nier ce fait ni l'expliquer naturellement, se condamnent à l'anonyme ou au silence, c'est un sentiment de pitié.

Quant à la part du cœur, on peut dire qu'elle est depuis la première jusqu'à la dernière page. Il y a des ouvrages qu'on appelle des galeries de portraits ; celui-ci, c'est une galerie de belles âmes. Je parlais, tout à l'heure, de ces incrédules dont l'attitude fait pitié... Quel contraste nous fournissent ces hommes de la science, ces docteurs, Cavayé, Peyrusse, Barbaste, Chevrier, Vizerie, qui, après un examen sérieux et approfondi de cette affaire, font si loyalement leur acte de foi ! Quel homme, quel cœur que ce docteur Grimaud qui porte un intérêt si paternel à Caroline, sa pauvre malade et en même temps sa malade pauvre ! Caroline a su l'apprécier pendant les deux saisons qu'elle a passées à Barèges ; elle l'affectionne comme un père. Aussi bien, sachant comme il sera heureux d'apprendre sa guérison, elle la lui fait connaître par un télégramme ; et lui, quelques jours après, il la remercie de son attention, il la félicite de ce qu'il appelle sa résurrection, et en retour de ses efforts infructueux, en récompense de son dévouement, il lui demande de ne pas l'oublier dans ses prières.

Ce sont de belles âmes aussi que ces pèlerins d'Amiens

et d'ailleurs, dont M. l'Archiprêtre nous fait lire les lettres. Quel enthousiasme ! quelle foi ! quelle confiance aux prières de celle sur qui la sainte Vierge a daigné abaisser son regard tout-puissant ! Quels délicieux billets il a fait parvenir à M. l'Archiprêtre et à Caroline, à l'occasion de son mariage, ce capitaine de chasseurs qui avait vu un des premiers la miraculée, au sortir de la piscine, et qui avait écarté la foule pour la conduire jusqu'à la Grotte.

Je n'en finirais pas si je voulais citer tous ceux vers qui le cœur se sent attiré à la lecture de ce livre. C'est cette Supérieure d'Angoulême qui fut Supérieure à Niort pendant que Caroline était à la Maison des Filles de la Croix, et qu'elle a pris la touchante habitude d'appeler sa *petite Mère*, elle qui depuis si longtemps est privée de la sienne. C'est cet aumônier de Cholet qui écrivait à Caroline, le 3 janvier 1873 : *Résignation complète d'abord, puis voyage à Lourdes, et enfin guérison miraculeuse, voilà l'année que je vous souhaite :* souhait qu'on pourrait appeler prophétique. C'est l'Aumônier de l'Hospice de Niort qui prend sur lui d'emmener la pauvre infirme au pèlerinage, quand tous voyaient son départ avec peine et craignaient qu'elle ne succombât dans le voyage. C'est enfin l'auteur du livre lui-même, à qui je ne veux pas adresser toutes les louanges qu'il mérite, mais qui me permettra bien d'admirer tout ce qu'il a mis, dans cette polémique, de sincérité, de loyauté, de ménagements charitables pour ses adversaires.

Mais, cela se comprend sans peine, la figure saillante, dans cet ouvrage, c'est celle de l'héroïne, si l'on me permet cette expression. Quelle foi à transporter les montagnes, et en même temps quelle humilité ! On dirait que, comme à Bernadette, la sainte Vierge lui a communiqué un secret pour la préserver à jamais des tentations de l'orgueil. Je me souviens que, quelque temps après sa guérison, j'allais la voir avec une autre personne. Elle était très affairée, parce que c'était le moment où elle répondait à tant de lettres qui lui venaient de toutes parts. Elle nous raconta rapidement le miracle avec tous les détails que nous connaissions déjà. Je m'étonnais de n'éprouver aucune émotion, chose que je m'explique maintènant, parce que Caroline avait redit tant de fois ce fait, qu'elle n'en était plus, pour ainsi dire, qu'une simple narratrice. Mais, au moment où nous allions la quitter, elle nous demanda bien simplement de prier pour elle, et il y avait dans le ton qui accompagnait cette demande tant de candeur et d'humilité que je ne pus retenir mes larmes. Nous venions de voir véritablement Caroline ; le fond de son cœur avait percé.

A côté d'elle et sur le même plan, il faut placer Pauline Mercier, cette fille de l'Ouvroir de Tarbes, qui l'a connue à Barèges, où elle venait aussi pour des infirmités, et qui lui a voué plus qu'une amitié de sœur, un dévouement qui ne peut s'expliquer que par le sentiment de la charité chrétienne. Le génie si tendre de Virgile a produit la création touchante de Nisus et Euryale, ces deux amis dont l'histoire forme un des plus beaux épisodes de l'*Énéide*. Eh bien ! l'amitié de Pauline et de Caroline me touche plus que celle des deux jeunes Troyens : même au seul point de vue de l'esthétique, elle lui est supérieure, et il ne faut pas s'en étonner, puisque celle-ci est la production du génie d'un poëte, tandis que l'autre est le produit de la grâce divine. Qu'elles soient donc bénies, ces humbles Filles de la Croix dont la main délicate forme dans l'ombre des cœurs comme celui de Pauline Mercier qui, sans le savoir, exhalent ce parfum exquis des plus délicieux sentiments !

La guérison de Caroline a produit du bien dans beaucoup d'âmes : ce livre de M. l'Archiprêtre est appelé à en faire beaucoup. Si ce que je viens d'écrire peut contribuer à lui procurer un plus grand nombre de lecteurs, je m'estimerai heureux et je dirai à mon tour : Gloire à DIEU ! Vive MARIE IMMACULÉE ! Vive NOTRE-DAME DE LOURDES !

GUÉRISON

DE

CAROLINE ESSERTEAU

I.

LES PRÉPARATIFS DU PÈLERINAGE.

MONSEIGNEUR,

J'ai l'honneur de vous adresser la Relation de notre pèlerinage niortais à Lourdes, le 2 juillet de cette année 1873.

Je ne puis d'abord m'empêcher de m'écrier : Gloire à DIEU, et vive MARIE IMMACULÉE ! vive NOTRE-DAME DE LOURDES !

C'est un cri de foi, de reconnaissance, d'admiration, qui fut poussé à Lourdes, dans la matinée du 2 juillet, par plusieurs milliers de chrétiens formant les pèlerinages d'Amiens, d'Aix, de

C. ESSERTEAU.   1

Brioude, de Carcassonne et de Narbonne, qui se rencontrèrent avec notre pèlerinage de Niort au sanctuaire de MARIE, dans ce bienheureux jour de sa fête de la Visitation.

Gloire à DIEU, et vive MARIE IMMACULÉE ! vive NOTRE-DAME DE LOURDES ! C'est le cri qui s'est fait entendre depuis, en France et par tout le monde catholique, à la nouvelle de la prodigieuse guérison opérée, MONSEIGNEUR, en faveur d'une humble fille de votre ville de Niort.

Le récit de cette guérison et le détail des circonstances qui en établissent le caractère, voilà sans doute ce qui doit faire l'objet principal de ma Relation, sans que j'omette rien toutefois de ce qui nous a intéressés dans notre si favorisé pèlerinage.

Depuis que nous avions fait connaissance avec NOTRE-DAME DE LOURDES, au mois de juillet de l'année dernière, nos pensées, comme nos sentiments, nous reportaient sans cesse vers le béni sanctuaire de l'Immaculée Conception. Tous nous avions dit en le quittant: AU REVOIR ! C'était un désir, c'était une espérance, c'était un besoin du cœur. Les pèlerinages qui suivirent le nôtre, soit de Niort même ou de Poitiers, soit de tant de points divers de la France, entretenaient notre ardeur en ravivant nos souvenirs.

Aussi, quand des mois se furent écoulés, quand la révolution du temps eut amené l'époque anniversaire de notre pèlerinage, le R. P. Briant, avec le même zèle prêt à tout entreprendre, avec le même désintéressement de tout honneur et de toute louange, s'empressa de me venir trouver; et nous fixâmes le départ au premier juillet, pour arriver à Lourdes le jour même de la fête de la VISITATION. Nous devions apprendre plus tard que cette pensée allait aussi mettre en mouvement vers le même but plusieurs milliers de fidèles des points les plus opposés de la France.

L'annonce de notre pèlerinage, il faut le dire, ne reçut pas l'accueil immédiat et général que nous nous étions promis. La gêne et l'inquiétude causées par la gelée des vignes, et aussi l'augmentation de prix demandée par les Compagnies des chemins de fer, retenaient beaucoup des bonnes personnes peu aisées qui viennent toujours en plus grand nombre à ces voyages, où le chrétien échange les privations et les fatigues de la nature contre les consolations et les joies de la piété.

La coïncidence du pèlerinage de Poitiers à Paray-le-Monial, remis à la même époque que notre pèlerinage à Lourdes, opérait encore une diversion à notre préjudice. Nos listes se formaient donc avec lenteur et ne se complétaient pas. Les jours s'écoulaient, et nous touchions au dernier terme consenti par les Compagnies, qui attendaient notre décision pour former le train. Nous n'avions pas notre nombre, bien s'en fallait. Que faire donc? Avoir confiance en MARIE, et décider quand même notre départ. Cette détermination réjouit les per

sonnes qui étaient déjà inscrites et qui avaient
pu craindre de ne pas voir se réaliser leur pieux
désir.

II.

CAROLINE ESSERTEAU. — COMMENCEMENT ET CARACTÈRE
DE SA MALADIE.

Mais qui eut une grande joie, ce fut une malade
que le déplorable état de sa santé avait fait admettre, malgré son âge peu avancé, parmi les incurables de l'Hospice de Niort.

Caroline Esserteau a trente-deux ans; elle est
née le 24 octobre 1841, à Niort, sur la paroisse de
Saint-André. Elle fut baptisée le même jour. On
l'envoya, dès son plus bas âge, aux petites classes
du Sacré-Cœur. Elle fit sa première communion
à neuf ans et demi. Aussitôt après, on la mit en
apprentissage chez une couturière qui la garda
peu de temps. On la plaça ensuite chez Mlle Léo-
poldine Martinet, auprès de qui elle resta plusieurs
années. Cette pieuse ouvrière emmenait sa jeune
apprentie tous les dimanches chez les Filles de
la Croix, dont les avis et exhortations fortifiaient
de plus en plus les sentiments religieux de l'enfant
qui grandissant avec l'âge conserva le plus tendre
attachement pour sa bonne maîtresse. Elle l'exprime
en termes touchants dans des lettres que la discrétion m'empêche de reproduire.

La santé de Caroline, d'après le témoignage de ses parents et des personnes qui l'ont connue, avait été très bonne jusqu'en 1863, époque à laquelle des refroidissements négligés déterminèrent chez elle une maladie qui prit bientôt un caractère de gravité. Caroline était alors dans sa vingt-deuxième année.

La maladie débuta par de violentes douleurs de dos. Le milieu de la colonne vertébrale devint tellement sensible que la moindre pression causait à la malade des souffrances intolérables. Les jambes étaient lourdes, engourdies, douloureuses, et des fourmillements continuels s'y faisaient sentir. Elle pouvait à peine se traîner à l'aide de béquilles ; elle ne tenait pas debout. Elle se trouva en peu de temps réduite à l'extrémité, et elle fut administrée le 12 mai 1864. Mais son heure n'était pas venue. Après avoir langui pendant plusieurs jours et nuits, elle sembla se trouver mieux. Ce n'était cependant rien moins qu'une guérison. Le mal avait fait d'autres progrès. Lorsqu'elle voulut se lever, il lui fut impossible ; elle ne sentait plus ses jambes, la paralysie était complète.

Elle fut envoyée à l'établissement hydrothérapique de Longchamps, à Bordeaux, où elle resta quarante-quatre jours, sans éprouver aucune amélioration.

Une de ses amies, Religieuse de Sainte-Marthe, ma Sœur Marie-Liguori, lui écrivait du Lycée de Tours, le 7 mai 1865 :

« Je savais l'état de souffrance où vous étiez depuis longtemps. J'aurais bien voulu vous écrire quelques lignes ; mais je craignais de vous trop fatiguer. Pendant ce beau Mois de MARIE, je demande à cette bonne Mère du ciel qu'elle vous obtienne la grâce d'être bien patiente à supporter vos souffrances pour l'amour de Notre-Seigneur qui a tant souffert pour nous. Allons, restez bien sur la croix où JÉSUS vous a mise pour avoir quelque ressemblance avec lui. »

L'état de Caroline empirait toujours. Elle fut envoyée à Arcachon. Deux hommes d'équipe la portèrent au wagon ; elle en fut de même descendue. Elle quitta Arcachon au bout de quinze jours Elle faisait peine à voir.

Pendant quelques mois, elle put se traîner à l'aide de béquilles. Mais bientôt le cou et les bras furent pris ; la paralysie était générale. Les articulations semblaient tellement déboîtées, les muscles étaient tellement atrophiés, que le corps ne se tenait plus. On lui soutenait la tête avec une serviette, parce qu'elle tombait de côté et d'autre. Les poignets et les pieds pouvaient être tournés en tous sens, et les jambes s'en allaient de tous côtés. « On eût dit », pour me servir de l'expression d'un témoin oculaire, « d'un mollusque n'ayant aucune consistance. »

Voici, du reste, comme elle s'en exprime elle-même dans une lettre qu'elle écrivait à son oncle et à sa tante Berland, le 6 septembre 1868 :

« Voilà plus de quatre ans que j'ai fait une maladie
dans laquelle j'ai été à la mort. J'ai reçu l'extrême-
onction. Mais Dieu ne m'a pas voulue ; les épreuves et
les sacrifices n'étaient pas assez nombreux. Lorsque j'ai
été un peu mieux, et que j'ai voulu me lever, je n'avais
aucune jointure de mes membres qui tenait depuis les
pieds jusqu'à la tête. L'on m'aurait pliée comme un
chiffon. Ma tête tournait derrière devant. J'ai marché,
pendant trois ans et demi, avec des béquilles. J'avais
des appareils en fer pour les genoux et pour les reins. »

Ses maux de tête étaient violents. Sa vue était
très affaiblie. Le mal résistait à tous les remèdes.

Son amie, ma Sœur Marie-Liguori, lui écrivait
de Pons, le 29 janvier 1867 :

« Vous êtes toujours sur la croix, pauvre amie ! Toujours souffrir ! Eh bien ! tandis que Notre-Seigneur vous
fait part de ses souffrances, remerciez-le, chère amie.
Ne perdez pas tant de mérites que vous pouvez acquérir pour le ciel. Il faut regarder votre état comme le par-
tage des prédestinés. C'est par la souffrance que la
divine Providence veut vous faire passer ces quelques
jours sur cette terre. Quoique votre état soit bien triste
du côté corporel, vous avez bien des secours spiri-
tuels. Rien ne vous manque. Soyez bien reconnaissante
pour ceux qui n'ont rien négligé pour pouvoir vous
soulager dans vos souffrances. Que votre occupation
soit la prière et la présence du bon Dieu. Je sais que
vous le faites, je connais votre piété et votre amour pour
Notre-Seigneur. Adieu, ma bien chère amie. Du courage et beaucoup de courage pour bien agréer et sup-

porter votre triste position. Profitez bien de tout ce qui vous arrive. La vie la plus longue est bien courte, quand on pense à l'éternité. »

Une autre amie lui écrivait un peu plus tard :

« Vous le savez, pauvre amie, votre résignation et votre espoir doit être en Dieu seul et en sa sainte Mère. J'ai été bien peinée de n'avoir pas pu vous voir à mon dernier voyage, surtout espérant vous trouver en meilleure santé que je ne vous avais vue l'année précédente. Courage, bien chère amie. Le bon Dieu vous guérira. Car, si vous souffrez en ce monde, vous êtes assurée d'une vie meilleure. Je ne demande pas que vous me répondiez ; je sais l'impossibilité dans laquelle vous êtes de le faire. Je vous dis les choses les plus affectueuses, et vous désire, selon la volonté de Dieu, une meilleure santé. »

Une autre lui écrivait, le 28 avril 1867, la lettre suivante :

« Ma chère amie,

« Le bon Dieu vous veut sur la croix ; c'est elle qui vous conduira au ciel. Plus vous souffrirez étant résignée, plus vous serez agréable à l'Epoux céleste, qui se plaît dans votre âme, quand elle est sur la croix. Dieu vous aime bien, puisqu'il vous crucifie. C'est qu'il a sans doute des desseins sur vous. Vous ne pouvez mieux lui marquer que vous l'aimez qu'en souffrant. Heureux est celui qui souffre ; plus heureux celui qui souffre davantage ! Heureux moment que celui qui sépare notre

âme de notre corps! C'est alors qu'on peut dire : O
sainte Sion, quand te verrons-nous? — Il ne tardera
pas, ce bonheur. Car qu'est-ce que la vie ? La vie n'es
qu'un moment. »

Le bon Dieu cependant apporta du soulagement
à la position de la malade. Elle s'était sentie inspirée de faire une quarantaine de prières. Elle fit
ensuite une neuvaine au Sacré Cœur de Jésus,
demandant, si c'était la volonté divine, la conso-
lidation de son pauvre corps et l'usage de ses mains,
afin de pouvoir travailler. Le Cœur adorable
de Jésus ne fut pas sourd à ses supplications.
Elle put se tenir sur son séant dans son lit et
s'aider de ses mains, bien qu'il lui restât dans le
bras gauche des fourmillements incessants et une
extrême faiblesse, ainsi que dans la vue. Elle put
même, le sixième jour de la neuvaine, marcher
en se tenant à la muraille, et, le neuvième jour,
elle marcha sans appui, quoique toute chancelante.

Des événements de famille déterminèrent ses
protecteurs à la placer en pension chez les Sœurs
de Notre-Dame de Charité, à Cholet, où elle arriva
le 12 mai 1868.

Le 6 septembre suivant, elle écrivait à son oncle
et à sa tante :

« Je viens aujourd'hui rompre le long silence que
j'ai gardé avec vous en restant si longtemps sans vous
écrire. Il me semble vous entendre dire que je vous ai
oubliés, et que je ne pense plus à vous. Oh ! non, il

n'en est pas ainsi. Ni l'absence, ni la distance qui nous séparent, ni les épreuves et les sacrifices n'ont affaibli les liens qui nous unissent. C'est surtout dans mes prières que je n'ai cessé d'adresser à Dieu pour qu'il vous bénisse et vous fasse réussir dans vos affaires. Notre bon Sauveur veut nous rendre semblables à Lui en nous faisant porter notre croix. Ne l'offensons pas par notre manque de résignation et par les murmures de la nature contre la volonté divine. »

Dans cette lettre, elle disait :

« Mes jambes sont restées les mêmes. J'ai des guêtres en fer jusqu'aux genoux, ce qui fait que je puis marcher et faire quelques pas à l'aide de béquilles et soutenue par une personne. J'ai des douleurs très aiguës dans les reins et les jambes : ce qui me tient toute courbée. »

Le vingt-sept du même mois de septembre 1868, elle écrivait aux mêmes :

« J'ai reçu votre lettre du 12, et je viens aujourd'hui vous exprimer les sentiments de la plus vive reconnaissance pour votre grande charité. Je ne puis vous dire combien je suis touchée de votre bon cœur, et je ne puis que rendre de continuelles actions de grâces à Dieu de m'avoir donné de si bons parents. Je le conjure de vous prendre de plus en plus sous sa puissante protection, de vous combler de ses plus abondantes bénédictions, ainsi que toute la famille. Qu'il vous rende au centuple, dès ici-bas, tout ce que vous avez fait et désirez faire pour moi, en attendant que ce bon Maître vous le rende au ciel. Alors, il n'y aura plus d'épreuves ni de sacrifices. Nous recevrons au contraire la récompense de tout ce que nous aurons souffert pour son amour. Faisons tout notre possible pour bien profiter de tout ce qui est pour nous un sujet de souffrance et de peine ou d'humiliation. O chers parents, que nous serons heureux d'avoir eu à souffrir sur cette misérable terre ! Nous regretterons alors de n'avoir pas davantage souffert pour son amour. Qu'est-ce que cette vie, sinon une vie d'exil ? Nous ne sommes ici-bas qu'en passant ; Dieu merci, notre demeure n'est pas de ce monde ; elle est au ciel. Mais il faut la mériter, en profitant de tout ce que Dieu nous envoie.

« Je ne saurais trop aussi vous recommander de prier pour mes protecteurs. Car, pour moi, je ne pourrai jamais le faire assez. C'est le seul moyen que j'aie de leur prouver la vive reconnaissance dont mon cœur est pénétré pour toutes les bontés qu'ils ont eues et pour les sacrifices qu'ils n'ont cessé de faire depuis ma longue maladie. Ils n'ont rien épargné. Ils m'ont envoyée aux eaux d'Arcachon. On m'a fait suivre un traitement hydrothérapique à Longchamps à douze francs par jour pendant quarante-quatre jours. Je ne puis entrer ici dans tous les soins qui m'ont été prodigués. Ainsi vous voyez qu'ils ne m'ont pas manqué. Les personnes les plus riches n'auraient pas été mieux que je ne l'ai été.

« Maintenant, mes chers parents, il n'y a plus rien à faire. Je suis, du reste, mieux que je ne l'ai été depuis quatre ans. Cependant je resterai toujours infirme. Il n'y a plus aucun remède à faire. C'est la résignation à la volonté de Dieu et une bonne dose de patience, beaucoup d'amour de Dieu, et avec cela tout ce qu'il voudra. Mon cher oncle et ma chère tante, je ne puis vous dire combien je vous suis reconnaissante de la proposition que vous me faites de revenir chez vous. Je sais que vous seriez pour moi un véritable père et une véritable mère sous tous les rapports. Mais je ne puis accepter pour le moment, parce que je ne puis que vous être à charge et vous donner de la peine. Je marche très difficilement avec des béquilles, et il me faut l'aide d'une personne, et encore je n'irais pas loin sans m'asseoir. Puis, comment feriez-vous pour me faire aller à la Messe les jours de dimanche, surtout l'hiver? Tandis qu'ici il y a la sainte Messe tous les jours, et, quand je suis assez bien, j'y puis aller trois ou quatre fois par semaine. J'ai le bonheur de faire la sainte communion. C'est là que je puise le courage et la résignation à la volonté du bon Dieu dans ma position. Si je m'exposais à être privée d'une si grande grâce, je ne sais pas ce que je deviendrais, puisque c'est Dieu qui a inspiré qu'on me mette ici. Il me serait impossible de me rendre à l'église ; il faudrait m'y porter. Puis vous voyez bien que mes protecteurs ne m'ont pas abandonnée, puisqu'ils me paient une pension dans cette Maison religieuse où je suis, tandis que, si de vous-mêmes vous me preniez chez vous, je ne sais pas s'ils offriraient de vous la payer. Du reste, ici, ces dames sont très bonnes pour moi.

« Aujourd'hui, je viens d'être reçue Enfant de Marie. C'est une bien grande faveur. Je ne puis vous dire combien j'étais émue. N'ayez donc pas de peine. Je peux vous être plus utile à tous ici en priant pour vous, et croyez bien que je serai heureuse de vous voir.

« Maintenant, quand le bon DIEU en décidera autrement, je serai très heureuse de faire sa sainte volonté, ailleurs comme ici. Je ne veux rien faire de moi-même, pour n'avoir pas de reproche à me faire. »

Elle écrivait encore aux mêmes, le 28 décembre :

« Vous me dites, dans votre lettre, que je vous ferais de la peine de refuser de revenir au milieu de vous. Mais ne soyez pas peinés, bon oncle et bonne tante ; je ne vous ai pas refusé. Oh ! non, je serais trop heureuse d'être avec vous pour nous aider mutuellement à supporter nos peines pour l'amour de DIEU. Ce qui fait que je ne me suis pas décidée aussitôt, c'est que vous ne me dites pas si vous êtes loin d'une église et de quelle paroisse vous êtes. Pour marcher, je vous l'ai dit, je ne puis que faire quelques pas, selon que mes douleurs sont plus ou moins fortes. Je me prive d'aller à la sainte Messe autant que je le désirerais, parce qu'il faut, pour m'y porter, descendre et monter les escaliers, ma chambre se trouvant au second étage ; et voici huit mois que je suis continuellement renfermée dans ma chambre. Offrez mes respects aux Sœurs de la Croix. Dites-leur que je ne les ai jamais oubliées dans mes faibles prières et que je ne les oublierai pas, que je me rappelle toujours les bons conseils et les exemples de vertu qu'elles n'ont cessé de me donner lorsque j'avais le bonheur d'être auprès d'elles. »

Le 21 janvier 1869, Caroline écrivait à ses oncle et tante :

« Si j'ai de l'ouvrage, je pourrai travailler. Si vous me voulez, venez me chercher dans le mois de février, et je vous suivrai avec plaisir. Mais je ne puis pas m'en aller seule, parce que je suis infirme des jambes, et je ne pourrais pas monter en voiture. Il faut que l'on m'y porte. Dans le cas où vous ne pourriez pas venir me chercher à cause de mon infirmité, veuillez me le dire de suite. J'ai reçu votre lettre du 19, qui m'annonce des peines et des afflictions pour vous. Il faut que la foi nous soutienne en tout. Disons avec le saint homme Job : DIEU nous les avait donnés, il nous les a ôtés ; que son adorable volonté soit faite, et non la nôtre. Il en coûte à la pauvre nature de voir souffrir et d'être séparé de ceux qu'on aime. Mais ce qui doit nous encourager et nous consoler, c'est que bientôt va finir cet exil et commencer une éternité bienheureuse. Nous serons heureux alors d'avoir supporté pour l'amour du bon DIEU toutes les peines qu'il lui plaît de nous envoyer. Il nous aime d'autant plus, ce bon Maître, qu'il veut nous rendre semblables à Lui, en nous faisant porter notre croix toute notre vie. Soumettons-nous à tout pour son amour. Il est notre modèle ; suivons ses exemples de soumission aux volontés de son divin Père.

« Je vous remercie mille fois, cher oncle et chère tante, ainsi que toi, ma bonne cousine, de toutes les sollicitudes et bontés que vous me prodiguez, moi qui n'ai jamais rien fait pour vous. Je tâcherai bien, autant qu'il me sera possible, de vous dédommager pour tous les sacrifices que vous faites et ferez pour moi. Il faut, bonne tante, puisque tu veux bien venir me chercher, que ce soit le premier février, parce qu'à cette époque finit ma pension. »

Je laisse maintenant parler l'oncle de Caroline :

« Voilà ce que ma nièce nous écrivait sur sa position. Ma femme alla la chercher à Cholet le 4 février, et le soir elles arrivèrent par le train de huit heures en omnibus. Je fus obligé de la prendre sur mes bras pour la porter chez moi. Mon émotion fut bien grande en la voyant si infirme, après l'avoir vue dans la force de la jeunesse et jouissant d'une santé parfaite. C'était bien fait pour nous briser le cœur. A cet âge, ne pouvoir à peine se tenir, quand même on la soutenait ! Ses jambes jusqu'aux genoux étaient garnies de guêtres en fer, qu'elle ne quittait pas pour se coucher. Ma femme lui lava les pieds souvent, et ce n'est que dans ces moments-là qu'on lui ôtait ses appareils. C'était une grande souffrance pour elle. Car ses jambes et ses pieds, n'ayant plus rien pour les soutenir, tournaient, puisqu'ils étaient disjoints, et ses talons revenaient sur le dessus de ses pieds. C'était une vraie dislocation.

« Dans les premiers mois de son séjour chez moi, nous la portions assise sur une chaise chez les Petites-Sœurs des Pauvres, dont nous ne demeurions pas très loin. C'est là qu'elle allait entendre la Messe. Puis, voyant son état si pénible, de ne pouvoir jamais sortir, je lui fis faire une petite voiture pour la promener, afin que l'air lui donnât un peu d'appétit, ne mangeant presque pas, parce qu'elle avait une gastrite. Elle ne pouvait pas manger de viande sans être malade, et alors elle avait des vomissements qui la rendaient bien malheureuse. Elle avait aussi de fréquents maux de gorge et souffrait toujours des reins. Sa position était bien triste. »

Ce témoignage si explicite de l'oncle de Caroline sur l'état de sa nièce, je l'appuierais, s'il le fallait, par le témoignage conforme de quantité de personnes que je pourrais nommer, qui la voyaient passer dans sa petite voiture à trois roues qu'elle dirigeait de son mieux et qu'on poussait par derrière, et qui ont vu aussi de près son état d'infirmité en la visitant chez ses parents.

III.

CAROLINE A L'HOSPICE DE NIORT.

Ce triste état empirait toujours, et, la paralysie des jambes étant devenue tout à fait chronique, les parents de la pauvre infirme, qui ne pouvaient pas lui donner tous les soins que réclamait sa position, sollicitèrent son admission à l'Hospice.

Ils furent aidés dans leurs démarches par la Supérieure des Filles de la Croix, ma Sœur Marie-Apolline, qui, trop heureuse de rendre ce service à son ancienne enfant, s'en alla avec la présidente d'une petite Association établie dans sa Maison, trouver le chirurgien en chef de l'Hospice, M. le docteur Fontant, lequel donna volontiers un avis favorable. L'intérêt, d'ailleurs, qu'excitait la jeune malade la fit accepter avec empressement par Messieurs les Administrateurs, et son entrée fit sensation parmi les Sœurs.

Elle fut admise à l'Hospice de Niort le 23 décembre 1869. Le billet d'entrée a été fait et signé par M. le docteur Tonnel, qui, ce jour-là, remplaçait M. le docteur Gauné absent, et il est de plus signé : Frappier (l'un des Administrateurs). Il porte *Paralysie rhumatismale*.

Caroline fut d'abord placée dans la salle des femmes fiévreuses, et le docteur chargé de ce service a écrit à son numéro du cahier de visite : Invasion de la maladie : *six ans*. Diagnostic : *Myélite*.

Le traitement qu'elle a suivi consiste : à l'intérieur, en vin de quinquina, sous-nitrate de bismuth et quelques laxatifs ; à l'extérieur, en frictions d'huile de jusquiame chloroformée. Et toujours le diagnostic : *Myélite*.

Le mois de janvier 1870 porte : *Baume opodeldoch*.

Le 11 février suivant, dans la colonne d'observations du cahier de visite, M. le docteur a écrit : *Passée aux Incurables*.

La déclaration du Conseil d'administration qui l'y déclare admise est datée du 26 février, et elle est signée : Giraud (Président du tribunal civil), Potier (vice-président), Casimir (juge), Demay (notaire), Alphonse Frappier (propriétaire), Administrateurs de l'Hospice.

Plus rien désormais sur le cahier qui concerne la malade. Je sais, du reste, qu'on lui a continué les soins réclamés par sa position, mais sans aucune amélioration dans son état général.

M. l'Aumônier de Cholet, M. l'abbé Évrat, lui écrivait, le 4 janvier 1871 :

« Vous allez au ciel par grande vitesse ; l'Evangile me le garantit. Oui, vraiment, en lisant vos chagrins, je m'écriais : Tant mieux, voilà une âme que Dieu chérit ! Il la traite comme ses meilleurs amis. »

Caroline recevait à l'Hospice, non seulement les soins du corps, mais surtout ceux de l'âme, et à sa grande consolation, car elle avait sa sanctification à cœur. Sa foi si vive, son amour pour le Sacré Cœur de Jésus, sa dévotion filiale pour Marie, la rendaient forte au milieu de sa faiblesse. La divine Providence, tout en prenant soin d'elle, lui faisait part de la croix du divin Maître, qu'elle acceptait et portait avec soumission et résignation. C'est dans de tels sentiments qu'elle offrait ses lèvres au calice qui lui était présenté. Au lieu de se décourager, en se voyant si infirme, sa foi se ranimait, et sa confiance en Marie Immaculée grandissait.

Bien que les pèlerinages, du moins les grands pèlerinages lointains, n'eussent pas encore commencé, elle avait souvent entendu parler de Lourdes, elle avait vu des personnes qui y étaient allées, et en étaient revenues toutes ravies des merveilles de grâces qui s'y étaient accomplies sous leurs yeux.

Oh! si elle pouvait aller à Lourdes ! La sainte Vierge aurait pitié d'elle, la sainte Vierge la guérirait ; et puis, ce serait un moyen, une occasion de conversion pour plusieurs membres de sa famille. C'était sa préoccupation et son souci.

IV.

CAROLINE VA A BARÉGES ET EN REVIENT PLUS INFIRME. — PAULINE MERCIER. — LE DOCTEUR GRIMAUD.

Mais comment songer au voyage de Lourdes, surtout aux prix ordinaires? Dois-je hésiter à le dire? Elle eut recours à un expédient que sans doute personne ne blâmera. Elle demanda à être envoyée aux eaux de Baréges, avec la pensée de s'arrêter à Lourdes en passant.

M. le Maire de Niort lui répondait, le premier juillet 1871 :

« Mademoiselle,

« Vous avez demandé la faveur des eaux de Baréges pendant la saison de 1871, à cause de la maladie dont vous êtes atteinte.

« Pour qu'il puisse être donné suite à votre demande, il est indispensable que vous soyez entendue et visitée par la commission, qui doit se réunir à l'Hospice lundi 3 juillet prochain. »

L'avis de la commission fut favorable. Caroline, accompagnée par une personne que je désignerai nommément dans la suite, à qui le médecin et les Sœurs la confiaient, partit le 28 août pour passer à Baréges le mois de septembre, qui est le mois des indigents, les autres mois étant réservés aux pensionnaires. Elle fut reçue dans l'Hospice Sainte-Eugénie, qui est tenu par les Filles de la Sagesse, et on lui donna tous les soins, mais sans apporter aucune amélioration à son état.

Elle ne se décourageait pas. Sa pensée et sa confiance étaient à Lourdes.

Elle se trouva assistée à Baréges par une jeune fille de Tarbes, qui a droit à n'être pas séparée de Caroline dans ce récit, ayant été vraiment choisie par la très sainte Vierge pour compagne, auxiliaire et témoin de notre privilégiée dans la faveur dont celle-ci devait être l'objet.

Cette jeune fille, nommée Pauline Mercier, âgée alors de vingt et un ans, et travaillant à l'ouvroir des Filles de la Croix à Tarbes, était venue à Baréges pour des rhumatismes.

Je ne puis mieux la faire connaître que par la lettre qu'elle m'a adressée, sur ma demande, le 21 juillet. Ce ne sera pas nous éloigner de notre sujet. Voici donc cette lettre :

« Mon très révérend Père,

« Malgré le désir ardent que j'avais de vous écrire, je n'aurais cependant jamais osé le faire, si je n'y avais été encouragée par le désir que vous avez bien voulu m'en exprimer. Je le fais aussi pour la gloire de Marie et pour le bien de la religion. Je vous prie de me pardonner si je ne l'ai pas fait plus tôt. Croyez que ce n'est pas par indifférence, mais bien par défaut de temps.

« Je vais commencer mon récit sur Caroline.

« Au prochain mois de septembre, il y aura deux ans que nous avons fait connaissance aux eaux de Baréges. Nous étions logées à l'Hospice qui est tenu par les Sœurs de la Sagesse. Nous nous sommes aimées en nous voyant, de telle sorte que je ne la quittais pas un instant, et je me suis offerte à lui rendre tous les services dont elle aurait besoin, ce qu'elle a accepté avec beaucoup de plaisir, voyant qu'elle avait toujours besoin de l'un et de l'autre, moi trop heureuse qu'elle voulût de mes services. Continuellement elle me parlait de NOTRE-DAME DE LOURDES, et combien çà lui ferait plaisir d'y aller Mais elle ne savait comment faire pour s'y rendre, puisqu'elle n'y avait jamais été ; et puis, étant si infirme, il lui fallait une personne pour la conduire. Mais alors, voyant dans quel embarras elle se trouvait, j'ai avancé mon départ de deux jours pour l'emmener auprès de cette bonne Mère.

« Arrivée devant ce béni sanctuaire, deux personnes m'ont aidée à la porter devant la grille, sur une chaise. Là, nous avons bien prié cette Vierge Immaculée. Et puis, me voyant dans l'impossibilité de la transporter à la piscine, je lui ai porté de l'eau de la Grotte pour boire. Ensuite, un Monsieur bien distingué, qui se trouvait là pour obtenir la guérison de son fils qui était poitrinaire, vint me demander dans quel état se trouvait Caroline, de quoi elle souffrait Quand il la vit, il me demanda si. elle ne désirait pas se baigner. Je lui dis que oui, mais que je ne savais comment faire pour la porter à la piscine. Alors il me dit de ne pas être en peine, qu'il allait m'aider : en effet, il la prit sur la chaise, et il la porta presque tout seul Nous étions confuses de tant de bonté. Il m'a été impossible de la déshabiller, à cause de la foule. Un grand nombre de personnes se sont précipitées à la piscine, et pas moyen de les faire sortir. Ce Monsieur me dit que nous allions lui baigner seulement les jambes, puisque c'était la partie la plus malade. Alors, je l'ai déchaussée. Ce bon Monsieur la prit par-dessous les bras, et il la plongea dans le bain, en lui disant d'avoir confiance, que ce n'était pas l'eau qui devait la guérir, mais une foi bien vive. Nous avons bien prié. Mais que voulez-vous? La sainte Vierge voulait éprouver sa persévérance. Ce bain ne lui a rien fait. Pour ça, elle ne s'est pas découragée.

« L'année dernière, on l'a encore envoyée. Mais ce n'était pas sans peine. On ne voulait plus l'envoyer, puisque, l'année précédente, ces eaux ne lui avaient produit aucun résultat. Tout le contraire. Elle allait de mal en pis. Ce n'était bas Baréges qu'elle désirait, mais pour aller à LOURDES. Enfin, elle a encore réussi. Arrivée à Baréges, elle a été malade à toute extrémité. Elle a eu une bronchite aiguë. Elle était arrivée avant moi ; ça fait que, quand je suis arrivée à Baréges, je l'ai trouvée dans un état déplorable. Il y avait un inspecteur de Paris, nommé M. Grimaud, qui a employé toute sa science après elle, et tout ça a été inutile. Il restait tous les jours des heures entières pour la questionner sur le principe de sa maladie. A tout prix il aurait voulu la guérir. Il l'a électrisée très longtemps en ma présence au plus fort degré ; ça ne lui faisait pas faire le moindre mouvement. Ensuite il lui piquait les jambes avec des épingles ; c'était encore inutile ; elle n'éprouvait pas la moindre peine. Une Religieuse lui enleva un jour un peu de chair ; ce fut encore inutile ; elle ne sentit rien, et pas une goutte de sang. »

J'ai vu cette Religieuse, ma Sœur Saint-Pascal, qui est maintenant à l'Hôpital des Incurables de Poitiers, et qui m'a dit avoir, en effet, enlevé avec ses ciseaux une taillade sur la jambe de Caroline, qui n'en éprouva aucune sensation. La même Sœur m'a aussi rendu compte de l'état de la malade, dans le même sens, et souvent avec les mêmes termes que Pauline Mercier, qui ne m'avait pas encore envoyé sa relation. J'en reprends la suite :

« Les douches les plus fortes, celle de l'eau bouillante, elle ne les sentait pas plus que l'eau glacée. Enfin les jambes d'un cadavre ou les siennes, c'était la même chose. Tous les médecins qu'elle a consultés ne lui ont pas caché qu'il n'y avait plus d'espoir de guérison pour elle. Elle pensait intérieurement : « Mais vous n'êtes pas si savants que la sainte Vierge. Elle ne dit pas comme ça, Elle, qu'il n'y a plus d'espoir. »

« Cette année dernière, elle est restée deux mois à Baréges. Comme elle n'avait pas pu suivre le traitement pendant quinze jours, à cause de sa bronchite, M. l'inspecteur a eu la bonté de demander une prolongation à la ville de Niort, ce qu'il a obtenu. »

Caroline était à Baréges depuis le 15 mai, et M. le Maire de Niort lui écrivait, le 17 juin :

« Mademoiselle,

« Je viens vous informer que j'ai obtenu de M. le Préfet une prolongation de votre séjour à Baréges. Vous en recevrez très prochainement la nouvelle par la Préfecture, qui va donner des ordres afin que vous n'éprouviez pas de changement pour votre traitement à l'Hospice. »

Caroline fut reconnaissante de cette faveur.

« Mais, continue Pauline Mercier, d'un côté, ça l'ennuyait de rester, parce qu'elle ne pourrait pas aller à Lourdes, étant seule. Moi, j'étais obligée de me retirer, malgré la peine que j'avais de la laisser seule, parce que mon temps était fini, et mon argent aussi. Nous nous sommes quittées, je vous assure, avec beaucoup de peine, surtout en pensant comment elle ferait pour aller à Lourdes. Moi, j'avais bien mon idée. Mais je ne pouvais pas la lui communiquer, de crainte qu'après je ne pusse l'accomplir. Pour lui faire plaisir, je pensais me rendre à Lourdes le jour qu'elle devait s'y trouver. Mais quand on est pauvre, on ne peut pas faire ce que l'on veut, malgré la meilleure volonté. Cependant, pour la tranquilliser, je lui écrivis que je m'y trouverais ; et puis, le 9, je priai la sainte Vierge de me payer le voyage, du moment que mes parents étaient dans l'impossibilité de le faire. Vous dire, mon très révérend Père, les peines que j'ai eues pour faire ce voyage, c'est impossible. J'étais à la veille du départ, et je n'avais pas encore l'argent nécessaire. Mais vous savez que j'en avais chargé la bonne Mère du ciel. Enfin je voyais le moment que je n'allais pas y aller. Et cependant, sachant qu'elle m'attendait, j'étais au désespoir. Lorsque je racontai cette peine à une de mes amies, elle me dit de ne pas avoir de la peine, qu'elle me payait le voyage. Vous dire quelle fut ma joie et mon bonheur est inutile.

« Le matin donc du 18 juillet, je partis à Lourdes. Elle n'était pas encore arrivée. J'ai loué une voiture pour la conduire à la Grotte. Arrivées là, devant ce lieu si désiré, nous avons bien prié. Mais il n'y a pas eu moyen de la faire baigner ; il y avait trop de monde. »

C'était alors, étrange coïncidence ! notre pèlerinage de Niort des 17 et 18 juillet 1872. Les Perpignanais s'y trouvaient aussi avec nous.

« Caroline, continue son amie, s'est contentée de se laver les jambes, sans même se déchausser. Elle s'est fait verser de l'eau, que je lui ai portée, à travers ses appareils. Enfin la sainte Vierge n'était pas encore décidée. Elle voulait quelques efforts de plus de notre part. Nous l'avons quittée avec peine. Mais elle lui a promis de revenir la voir encore une fois, malgré les obstacles qui pourraient se lever. »

Il devait s'en dresser, en effet, devant elle, qui paraîtraient insurmontables.

Elle emportait bien un certificat ainsi conçu :

« Je soussigné, docteur en médecine de la Faculté de Paris, Inspecteur de l'Établissement thermal de Baréges, certifie que Mlle Caroline Esserteau, arrivée à Baréges à la fin de mai 1872, a suivi un long traitement pour une *myélite chronique* dont elle est atteinte, et

C. ESSERTEAU.   1**

qu'en raison de la gravité du cas, il serait urgent qu'elle pût revenir chaque année à nos thermes, afin d'améliorer peu à peu l'état de paralysie dans lequel elle se trouve.

« Dr GRIMAUD.

« Fait à Baréges, le 17 juillet 1872. »

Mais l'espoir que pouvaient lui laisser les dernières paroles devait s'évanouir bientôt. Son état, en effet, ne s'était pas amélioré ; tout au contraire.

M. le docteur Grimaud, à qui elle écrivit au mois d'août, lui répondit, le 9 septembre :

« Mademoiselle,

« Veuillez m'excuser si je n'ai pas répondu plus tôt à la lettre si pleine d'une touchante reconnaissance que vous m'avez adressée le mois dernier. Les grandes occupations de la fin de la saison en ont seules été cause.

« Je suis très peiné de voir que les eaux de Baréges émoussent leur puissance sur vous, et qu'il vous faudra chercher ailleurs le soulagement si légitime auquel vous avez droit. Malheureusement l'épreuve est définitive, et je pense, comme le Dr Fontant, que le peu d'amélioration que vous retireriez de leur emploi ne serait pas en proportion avec les grands sacrifices d'argent que nécessitent le voyage et le séjour. Je ne puis donc, malgré la peine que j'éprouve à vous le dire, vous engager à revenir. J'espère que votre médecin trouvera des moyens de soulagement mieux adaptés à votre état.

« Recevez, Mademoiselle, mes salutations et l'assurance de toutes mes sympathies.

« Dr Grimaud. »

C'était comme une condamnation dont l'amertume s'augmentait pour Caroline de tout l'intérêt que lui portait et que lui témoignait le bon docteur de Baréges.

V.

CONFIANCE PERSÉVÉRANTE DE CAROLINE. — PAULINE MERCIER.

Elle sentit néanmoins sa confiance en Marie Immaculée grandir avec les difficultés mêmes de sa position et avec les progrès de son mal.

Elle écrivait, le 3 décembre, à son parrain, M. Théophile Avenel, à Poitiers :

« Je suis retournée, cette année, aux eaux de Baréges, mais sans plus de succès que l'année dernière, quoique j'y sois restée plus de deux mois. Monsieur le médecin inspecteur de l'établissement thermal en est désolé. Ma jambe gauche est complètement morte; ma jambe droite est à peu près dans le même état. Les médecins appellent ma maladie une *myélite chronique*, maladie de la moelle épinière, et décomposition générale des muscles. Tous les médecins que j'ai vus m'ont déclaré que mon état de paralysie est tel que je ne dois plus espérer de guérison ; je ne puis même pas me servir de béquilles.

« Je suis donc abandonnée des médecins, et je ne puis vous dire, mon cher parrain, quelle tristesse j'éprouve de me voir dans cet état depuis plus de neuf ans.

« Je ne me décourage pas cependant. En allant à Baréges et en revenant, je suis passée à Notre-Dame de Lourdes. Mais il y avait, à ce moment-là, trop de monde aux abords de la Grotte, et je n'ai pu me baigner dans la piscine miraculeuse. Je ne pourrais vous dire la peine que j'éprouve de ne pouvoir être guérie comme tant d'autres. Mais je me suis jetée dans les bras et dans le cœur de Celle qui est la Consolatrice des abandonnés. Non, Notre-Dame de Lourdes ne peut pas m'abandonner ; elle ne m'abandonnera pas, Elle. Il me semble que, si je pouvais revenir à la Grotte miraculeuse une troisième fois, la sainte Vierge me guérirait. Oui, si j'avais les moyens d'aller tout exprès à Lourdes pour obtenir ma guérison, j'ai la confiance que je serais guérie. Marie Immaculée veut éprouver ma confiance, qui grandit chaque jour, au récit des miracles si nombreux qui se font à la Grotte bien-aimée. La sainte Vierge me guérira, Elle. Je sais bien que je ne mérite pas une si grande grâce ; mais je ferai tous mes efforts pour en être digne et pour être agréable à cette divine Mère. Elle est tout mon espoir. »

Ces excellentes dispositions de Caroline ne purent qu'être fortifiées par la lettre que son ancien aumônier de Cholet, M. l'abbé Evrat, lui écrivait à la date du 3 janvier :

« Bonne demoiselle,

« C'est par vous que je commence à répondre aux vingt lettres de bonne année que j'ai reçues depuis la vôtre. Vous méritez ces prémices par le contentement que vous me procurez en m'apprenant la décision de vos médecins. C'est précisément parce que la Faculté vous délaisse, que Marie vous guérira. Soyez encore plus soumise à la volonté de Diéu dans vos grandes douleurs. Plus elles sont violentes, plus elles doivent raviver votre confiance et pour votre guérison, et surtout pour la belle récompense qui vous est réservée au ciel. Résignation complète d'abord, puis voyage à Lourdes, et enfin guérison miraculeuse : voilà l'année que je vous souhaite.

« Votre dévoué serviteur. »

C'était une prédiction. Mais qui pouvait alors le penser? Les progrès du mal ne s'arrêtaient pas. La pauvre fille sentait que ses bras perdaient leurs forces et commençaient à lui peser comme ses jambes, qu'ils se paralysaient aussi. Il lui semblait, disait-elle souvent, qu'il y avait comme des milliers de fourmis. Elle avait de la peine à soulever un verre d'eau.

Quantité de personnes la voyaient dans son infirmité, soit lorsqu'on la portait dans un fauteuil à la chapelle, le dimanche, soit lorsqu'elle allait chez son oncle, qui venait la chercher un jour par mois, et l'emmenait chez lui, dans la petite voiture qu'il lui avait fait faire, soit lorsqu'on la visitait à l'Hospice.

Les visites ne lui manquaient pas. « On s'intéressait à cette pauvre malade », me disait une dame qui allait souvent la voir avec un petit enfant, lequel ouvrait de grands yeux et s'écriait : « Oh ! maman, comme elle est infirme ! » La malade souriait et disait : « Venez donc souvent me voir. »

Ses amies ne l'oubliaient pas. La Supérieure des Filles de la Croix, chez qui elle avait fait sa première communion, venait encourager et fortifier sa chère enfant. Les Sœurs de la Sagesse ne se lassaient pas de lui prodiguer leurs soins.

Elle en était touchée, reconnaissante. Mais elle ne pouvait s'empêcher de soupirer après sa guérison, et elle ne cessait de prier et de faire prier Notre-Dame de Lourdes, vers qui elle se sentait portée par un sentiment de confiance irrésistible.

Elle fit donc de nouvelles et de plus instantes démarches auprès de son médecin pour obtenir d'aller à Baréges encore cette année.

Je reviens, là-dessus, au récit de son amie Pauline Mercier :

« Cette année, la pauvre enfant, voyant approcher le mois de mai, était en peine de savoir si on avait encore l'intention de l'envoyer à Baréges, toujours, comme je vous ai déjà dit, pour venir à Lourdes. Quand on lui dit qu'elle ne viendrait pas, elle fut désolée, parce que, vous le savez, elle avait promis à la sainte Vierge de venir trois fois lui demander sa guérison. »

La lecture qu'elle entendait, tous les soirs, du *Mois de Marie* de M. Henri Lasserre augmentait son désir et aussi son chagrin.

Ayant une fois renouvelé ses instances à son médecin, M. le docteur Fontant, pour aller à Baréges, il lui répondit :

« Que voulez-vous, ma pauvre enfant, qu'on dépense inutilement pour vous l'argent qui pourrait servir à soulager d'autres infirmes ? Vous feriez mieux d'aller à Lourdes ; il faut un miracle pour vous guérir. »

On sent bien, et la suite le prouvera, que ce n'était pas là, de la part du docteur, une parole de foi aux miracles de Lourdes, mais bien et seulement une parole de conviction sur l'incurabilité d'une telle affection : ce qui est important à noter.

La malade, entendant ingénument ce langage dans le sens de sa foi et de ses désirs, répliqua avec autant de vivacité que de sentiment : « Puisque vous me parlez comme un père, je vous parlerai comme un enfant. Si j'ai demandé d'aller à Baréges c'était pour aller à Lourdes. Je n'ai pas confiance dans les eaux de Baréges ; c'est la sainte Vierge qui me guérira. »

Il faut dire que sa confiance n'était pas partagée

par quelques-unes de ses compagnes de l'Hospice, qui, la voyant dans un si triste état, ne lui parlèrent pas d'abord du pèlerinage qui s'organisait à Niort pour Notre-Dame de Lourdes. Mais il lui fut aisé de comprendre qu'il en était question, et elle fit tout ce qui dépendait d'elle pour en faire partie.

Elle écrivait à son parrain à Poitiers, le 27 mai :

« Voilà quinze jours que je vous ai écrit pour vous dire que je viens d'apprendre une bien triste nouvelle. Voilà que je ne reviendrai plus à Baréges, lès médecins de l'hospice ayant jugé désormais inutile de faire faire à la ville les frais de ce voyage sans aucun résultat : puisque, disent-ils, je suis trop infirme, et qu'il n'y a aucun espoir de guérison pour moi, ni même d'amélioration. Je suis, en effet, plus infirme que jamais.

« Mais vous savez, mon cher parrain, le motif qui m'avait fait demander de retourner cette année à Baréges. Ce n'était que pour pouvoir retourner à Lourdes. Tout espoir même d'aller à cette Grotte et à cette piscine miraculeuse semblerait donc perdu pour moi, si vous ne veniez à mon secours. On s'inscrit en ce moment à Niort pour un prochain pèlerinage à Lourdes, et j'éprouve le plus ardent désir d'y aller. Plus je suis souffrante, plus je sens le désir de faire ce pèlerinage. Tous les médecins m'ont abandonnée ; ils n'ont même aucun remède pour me soulager ; ils ont tous déclaré que ma maladie est incurable. J'ai des certificats qui attestent la gravité de mes infirmités.

« Malgré tout cela, ma confiance ne diminue pas ;

bien au contraire ; elle est de plus en plus grande. Je n'ose pas espérer un miracle. Je sais que la sainte Vierge peut le faire ; mais je ne mérite pas une si grande grâce. Je lui demande seulement de pouvoir marcher avec mes béquilles.

« Le pèlerinage de Niort part le 1er juillet prochain pour LOURDES. Oh ! comme je vous serais reconnaissante de me faciliter les moyens d'y aller moi aussi ! »

Caroline écrivait, dans ce même temps, à la Supérieure des Filles de la Croix d'Angoulême, ma Sœur Marie-Apolline, autrefois à Niort :

« Je suis bien affligée, petite Mère, ma maladie fait des progrès de jour en jour. On m'ôte l'espoir d'aller cette année à Baréges ; je n'y tiens pas. Mon médecin m'a dit lui-même que je n'avais plus à espérer même d'amélioration. Mes jambes sont entièrement mortes. Malgré tout, je ne perds pas courage ; il me semble que MARIE IMMACULÉE ne peut pas refuser de me guérir. J'ai cette confiance ; oui, elle me guérira. Demandez-le-lui donc, petite Mère. Oh ! que je prierai pour vous ! Voyez-vous, les années précédentes, j'ai prié à la sainte Grotte ; mais je n'avais personne pour me mettre dans la piscine. Cette année, pensant encore aller à Baréges, je pouvais m'y faire porter. Mais me voilà sans espoir, puisque je suis sans ressource. On part de Niort en pèlerinage. J'écris à mon parrain et lui fais part de mon désir. Priez, priez, je vous en conjure, pour que je réussisse. Je ne mérite point que la sainte Vierge fasse pour moi un miracle. Mais, malgré mon indignité, j'espère tout de sa bonté : je l'aime tant ! Elle sait bien que je l'aime, que je ne veux que sa volonté. Non, je ne le mérite pas, je le sais. Mais il me semble toujours qu'elle ne rejettera pas ma prière. Faites faire des neuvaines à mon intention. »

Caroline ne manqua pas d'écrire à son amie Pauline Mercier, qui raconte à ce sujet :

« Elle était encore dans l'embarras d'où elle sortirait l'argent nécessaire pour faire ce voyage. Si j'avais été riche, elle n'aurait pas été embarrassée. Mais, par bonheur, je ne le suis pas. J'eusse voulu l'être dans ce moment pour la tirer d'affaire. Mais je ne me plains pas de ma position. Je lui fis dire de répéter souvent la prière favorite : *Doux Cœur de Marie, soyez mon salut*; que moi, de mon côté, je ferais la même chose, toujours à la même intention, qu'elle pût venir à Lourdes. Enfin, après tant de prières, la sainte Vierge est venue à son secours. Une de ses amies de Niort s'offre à lui payer le voyage. Caroline ne voulait pas accepter, parce que cette personne n'est pas riche ; mais celle-ci l'y força, ajoutant que, si la sainte Vierge la guérissait, elle lui rendrait son argent ; autrement elle la paierait par des prières. A ces conditions, elle accepta. »

Caroline en écrivit aussitôt à la Supérieure des Filles de la Croix d'Angoulême :

« Petite Mère, mes vœux sont exaucés : mon voyage est payé ; je suis inscrite au nombre des pèlerins de Niort. Priez, priez pour moi. »

Cela, cependant, ne s'était pas fait sans difficulté. Une pleurésie survenue à la pauvre enfant l'avait mise dans le plus triste état, au point que ses compagnes s'effrayaient de partir avec elle, et que plusieurs même parlaient de renoncer au pèlerinage, si elle en faisait partie. M. l'Aumônier de l'Hospice était lui-même dans une grande anxiété. Il avait à décider, et il hésitait à prendre sur lui la responsabilité des conséquences de ce voyage dans de telles conditions. Il ne voulait pas non plus imposer à ses filles un office de charité qui devait leur ôter la liberté de leur pèlerinage. Aussi ne donna-t-il d'abord le nom de Caroline au P. Briant que d'une manière conditionnelle.

La sainte Vierge permettait ou voulait cela, comme réponse péremptoire à ce qui devait se dire plus tard, que cette prétendue guérison était une affaire, une supercherie préparée depuis quatre ans.

Caroline, malgré l'extrême faiblesse de son corps, sentait toujours ferme dans son âme son espérance en Marie Immaculée. Pleine de confiance aussi dans son amie de Tarbes, elle lui écrivit de se rendre encore cette fois à Lourdes, si elle pouvait, pour l'y assister, comme les deux autres années. M. l'Aumônier le lui avait, d'ailleurs, expressément recommandé.

« M. l'Aumônier n'attendait que ma réponse, dit la fidèle amie de Caroline, pour se décider à l'emmener.

Vous comprenez, mon révérend Père, que je ne mis pas de retard à écrire : je ne désirais que ça sur la terre. »

Pauline Mercier écrivit, en effet, à Caroline une lettre datée de Tarbes le 2 juin, que je reproduis tout entière, persuadé que personne ne m'en fera reproche, si ce n'est celle qui l'a écrite.

« Ma bien chère petite sœur,

« J'avais besoin de cette heureuse surprise pour me dédommager de la peine que tu m'avais causée la dernière fois, en me laissant si longtemps sans me répondre. Jamais, non, jamais, tu ne pourrais t'imaginer tout le mauvais sang que je me suis fait. Il faut que je te raconte une peur bien grande que j'ai eue. Un soir, je faisais ma prière toute seule devant mon petit *Mois de* Marie. J'avais une petite distraction ; tu le devines d'avance, je pensais à toi, pauvre petite sœur. Eh bien ! j'entends deux coups dans la chambre. Peut-être que c'étaient les rats ; je n'en sais rien. Mais te dire la peur que j'ai eue, c'est impossible ; aucune langue humaine ne pourrait la traduire. Je me suis dit : C'est bien ma petite Caroline ; elle est morte ; elle vient me dire ses adieux. J'étais plongée dans la plus noire tristesse. Enfin, dans mon embarras, j'ai dit un *De Profundis* pour toi, et je me suis couchée. Pense quelle nuit d'insomnie j'ai passée. Ce n'est pas fini. Jusqu'à ce que j'aie reçu ta lettre, tous les jours, à l'ouvroir, j'ai prié plusieurs de mes compagnes d'avoir la charité de dire le chapelet des âmes du purgatoire pour toi, ce qu'elles ont fait avec beaucoup de peine, voyant combien ça m'en faisait à moi. Je ne pouvais rien manger. J'ai été jusqu'à demander à DIEU qu'il te permît de m'apparaître, tellement j'avais la conviction que tu étais morte. Tu vois bien que j'avais besoin d'un plaisir extraordinaire pour me refaire un peu de toutes les peines que j'ai éprouvées. Mais je ne puis m'empêcher de lever les yeux vers le ciel pour remercier le Père céleste et la bonne Vierge.

« Ah ! si tu avais été avec moi, tu aurais profité d'une belle Retraite qu'on vient de nous donner. Nous avons fait la clôture aujourd'hui. Veux-tu savoir le refrain de ce zélé missionnaire ? Il a commencé et fini la Retraite avec cette invocation : DOUX CŒUR DE MARIE, SOYEZ MON SALUT. C'est une prière bien simple, et avec ça il a fait un bien immense. Ah ! combien de fois l'ai-je répétée pour toi ! Seulement je tournais la phrase. Au lieu de dire *mon*, je disais *son salut*. Et puis ce n'est pas tout. J'ai parlé de toi à ce bon Père pour te recommander à ses prières, ce qu'il m'a promis de faire avec plaisir. Il m'a donné la certitude que tu guérirais après une chose que je lui dis. Tu seras bien contente, toi aussi, quand tu vas la savoir. Il faut être apôtre quelquefois, quand l'occasion se présente. Eh bien ! chère petite sœur, la sainte Vierge, en t'accordant ta guérison, va nous accorder une double faveur. Il y a un Monsieur qui reste à la même maison que moi depuis trois mois seulement. Il est de Nantes. Il est marié, et il a trois enfants. C'est un païen du premier ordre, tellement que, depuis qu'ils sont à Tarbes, sa dame n'est pas allée une seule fois à la messe, et ça à cause de lui, pour éviter des disputes. Tu vois que j'ai l'occasion de pratiquer la charité spirituelle. A force de prêcher, j'ai pu obtenir de lui faire dire un *Je vous salue* par jour. Tu vois que c'est déjà beaucoup. Et puis, presque tous les jours du Mois de Marie, il avait la bonté de me porter des fleurs pour ma bonne Mère du ciel, que j'aime d'une manière particulière, depuis la Retraite. Je lui ai parlé de toi, dans quelle position tu te trouvais, et puis je lui ai fait promettre que si la sainte Vierge te guérissait, il devait se convertir. Il me l'a promis. Et puis, entends le règlement qu'il s'est fait lui-même, s'il voyait ce miracle, qu'il voulait s'approcher des Sacrements de Pénitence et d'Eucharistie une fois par mois. Je lui ai dit que je l'en tenais quitte une fois tous les deux mois. Et puis il m'a promis qu'il ne voulait jamais plus jurer et qu'il voulait faire sa prière soir et matin. Je pense que tu vas y être intéressée, et que tu vas le recommander aux prières des personnes pieuses que tu connais.

« Dans ce moment même, je viens de demander à un employé de la gare l'heure des trains. Je lui ai expliqué que je devais me trouver à Lourdes avant six heures, pour ne pas te laisser dans l'embarras, comme tu ne pouvais pas marcher. Son fils était là, il nous écoutait. Quand nous avons eu fini, il a pris la parole, et il a parlé en ces termes : Mademoiselle, si cette jeune personne guérit, je deviens un véritable croyant envers la sainte Vierge, et puis j'irai à la messe tous les dimanches, et je ferai ma prière tous les jours. — Moi, je lui ai dit : Pour commencer, vous allez la faire ce soir, pour que cette bonne Mère nous accorde cette faveur tant désirée et au prix de tant de sacrifices. Il m'a bien promis qu'il le ferait.

« Maintenant, il faut que je te dise que je ne sais trop comment faire pour me trouver à Lourdes avant toi. Le premier train qui part de Tarbes le matin, c'est à sept heures quarante. Je n'arriverai qu'à huit heures. Tu comprends que je ne voudrais pas te savoir si longtemps seule dans cette gare. Ainsi, tu peux rassurer M. l'Aumônier, que dis-je, plutôt ton bon père. Aussi tu lui présenteras les sentiments les plus respectueux de mon cœur, et qu'il peut être tranquille sur ton compte, que je partirai la veille, pour que j'y sois le matin, à l'heure que tu arriveras. Si j'avais eu les moyens, je serais venue te chercher à Niort, pour que personne ne fût occupé de toi. Entre sœurs, rien ne coûte, même quand il faudrait mourir. De la pauvreté, je ne m'en plains pas ; tout le contraire. Je suis trop heureuse de ressembler à Notre-Seigneur. Mais, c'est égal, il y a bien des occasions dans la vie où le cœur souffre beaucoup. Vouloir faire du bien, et en être empêchée à cause de la bourse, c'est très pénible. J'en sais quelque chose. Mais ce qui me console, c'est que Dieu récompense aussi bien l'intention que l'action. Tu peux compter sur tout ce que tu me demandes. Pour les pelotes que tu me dis, je crois que tu pourrais les porter ; il me semble que nous pourrions les vendre. Je t'envoie dix francs en timbres-poste.

« Adieu, chère petite sœur.

« Ta sœur qui t'aime un peu trop,

« Pauline MERCIER dite ESSERTEAU. »

VI.

CAROLINE EST ACCEPTÉE AU PÈLERINAGE, ET DANS QUEL ÉTAT.

M. l'Aumônier de l'Hospice était donc assuré que Caroline trouverait à Lourdes les soins les plus dévoués, les plus assidus, les plus intelligents, et aussi les plus aimables et les plus doux. Il n'avait plus à s'arrêter devant des considérations de prudence ou de condescendance, qui d'ailleurs faisaient mal à son cœur. Il montra bien ses sentiments paternels par le zèle qu'il mit à tout prévoir, à tout régler, pour que Caroline partît et fît le voyage avec le plus de sûreté possible.

L'état de la malade, encore à peine convalescente de sa pleurésie, pouvait cependant inspirer de vraies inquiétudes et des craintes sérieuses. Elle mangeait très peu depuis un mois ; elle était aussi d'une pâleur et d'une maigreur qui expliquaient son extrême faiblesse. La veille même du départ, elle disait à une de ses compagnes : « Je n'en puis plus ; je ne sais pas vraiment si j'irai jusqu'au bout. » Et elle se reprenait, pour ranimer sa confiance en MARIE.

Voilà, MONSEIGNEUR, ce qui se passait à l'Hospice de Niort à l'occasion de notre pèlerinage. Pour

moi, je ne savais encore aucune de ces choses. Je
ne connaissais pas Caroline. Chargé pour elle, il y
a deux ans, d'une commission d'argent par son
parrain, je m'en étais acquitté par l'entremise de
la Supérieure de l'Hospice, ma Sœur Saint-Hila-
rion, qui me proposa bien de voir la malade; mais
le temps me manquait dans le moment. Ne puis-je
pas penser, et c'est pourquoi je relate ces détails,
que la sainte Vierge en disposait ainsi, afin
qu'il fût aisé de répondre à ce qu'on devait dire,
que nous avions dès longtemps « monté l'entreprise » de cette guérison?

Le départ du pèlerinage, comme l'année précédente, fut annoncé la veille au soir, trente juin,
par les cloches de NOTRE-DAME lancées à toute
volée. Les pèlerins se couchèrent gaîment dans
l'attente du lendemain. Ils furent sans doute ber-
cés pendant leur sommeil par les plus douces
images. La Vierge de Lourdes leur apparaissait
au-dessus de sa bienfaisante fontaine, ayant autour d'elle une multitude de malades qu'elle avait
guéris et qui célébraient ses louanges, et à ses
pieds une autre foule toujours croissante d'infirmes et d'affligés de toutes sortes qui venaient à
leur tour implorer ses miséricordes.

Caroline Esserteau eut-elle une vision de NOTRE-
DAME DE LOURDES durant cette nuit qu'elle passa,
comme les autres nuits, dans l'insomnie? Toujours redit-elle bien des fois l'invocation : *Doux
Cœur de* MARIE, *soyez mon salut!*

Cependant Pauline Mercier était arrivée de Tarbes à Lourdes et avait pris toutes ses dispositions pour bien recevoir son amie et sœur.

A neuf heures, le mardi premier juillet, les pèlerins étaient réunis dans l'église de NOTRE-DAME. M. l'Aumônier de l'Hospice s'y trouvait avec plusieurs filles de la maison, qui mettaient leurs faibles épargnes péniblement amassées au service de leur foi et de leur piété. Elles étaient au nombre de vingt-trois. Une vingt-quatrième manquait à l'église. Sa tante était venue la chercher à l'Hospice et l'avait traînée dans sa petite voiture jusque chez elle, où elle ne put prendre qu'un peu de bouillon, tant elle était fatiguée. Elle fut de même traînée à la gare jusque dans la salle d'attente, et mise quelques moments sur une banquette, faisant compassion à ceux qui la voyaient. Son oncle, sa tante et sa cousine Berthe lui firent leurs adieux en pleurant ; ils avaient bien peur de ne plus la revoir : elle leur paraissait mourante. Des personnes n'avaient pas craint de dire : « Cadavre elle s'en va, cadavre elle reviendra. »

VII.

LE DÉPART.

De notre côté, quand nous eûmes récité les prières de l'Itinéraire, nous sortîmes de l'église, au son de toutes les cloches, suisse et bannière en tête ; et notre procession se déploya magnifiquement dans les belles rues Trianon et de la Gare, avec le chant des Litanies de la sainte Vierge et de cantiques en l'honneur de MARIE IMMACULÉE, entre deux haies pressées d'une population visiblement sympathique et émue.

J'aime, MONSEIGNEUR, à rendre ce témoignage à votre ville de Niort. C'est vérité, c'est justice.

Arrivés à la gare, chacun put facilement, grâce aux dispositions prises par le P. Briant, trouver le compartiment qui lui était assigné. Les pèlerins étaient par dix avec des billets nominatifs ; il y avait par dix pèlerins un décurion ou chef de compartiment ayant sur son billet les noms de sa dizaine ; tous les billets, avec la couleur ordinaire des chemins de fer selon la classe, portaient leurs numéros d'ordre des compartiments se rapportant aux numéros en gros caractères attachés d'avance au dehors des portières des wagons. Il y eut ainsi promptitude d'installation sans confusion.

Deux hommes d'équipe portèrent Caroline sur une chaise de la salle d'attente au wagon, et l'établirent à grand'peine dans son compartiment, où elle fut aussitôt assistée par ses compagnes, tout à la fois heureuses et tremblantes en la revoyant.

Au dernier moment, avant de prendre ma place, j'entonnai le *Salve Regina*, qui fut continué par les pèlerins dans les wagons, les personnes qui étaient là faisant silence. Après l'Antienne à la sainte Vierge, au signal donné, le sifflet strident se fit entendre, et nous partîmes au gré de la vapeur, salués assez longtemps sur les deux rives de la voie par un grand nombre de spectateurs.

Nous recueillîmes en route ceux de nos pèlerins qui nous attendaient aux diverses stations.

VIII.

CAROLINE PENDANT LE VOYAGE.

Que se passait-il dans un des compartiments où étaient les filles de l'Hospice ? Dans quelle situation se trouvait Caroline ?

Voici ce qu'a écrit son ancienne Supérieure de la Maison des Filles de la Croix :

« Au passage du pèlerinage à Angoulême, je m'étais rendue à la gare, selon le désir de Caroline, que je n'avais pas vue depuis trois ans. Je la trouvai beaucoup plus infirme. Elle ne pouvait se remuer ; elle était pliée sans pouvoir se redresser. En la voyant ainsi, je fus impressionnée de son état. Je l'engageai à la confiance. Je lui promis de nouveau de prier et de faire prier, et de revenir la voir au retour du pèlerinage, avec espoir de la voir marcher. Je lui disais cela avec un sentiment de confiance, mêlé de crainte. »

Caroline était, en effet, dans un grand épuisement, et elle n'avait pas trop des soins qui lui étaient prodigués par ses compagnes, dont la charité au-

rait été soutenue au besoin par la sollicitude de
M. l'Aumônier, qui veillait sans cesse à ce que rien
ne lui manquât. Elle donna de vives inquiétudes
à Bordeaux, où deux hommes d'équipe la chan-
gèrent de wagon sans qu'elle eût trop conscience
d'elle-même.

Je ne pourrais décrire son triste état, ni bien
dire tout ce qu'elle a souffert dans le voyage :
douleurs excessives des reins, faiblesse, anéan-
tissement. Ses jambes, allongées sur une boîte,
s'en allaient continuellement et venaient frapper à
chaque instant avec leurs guêtres bardées de fer les
personnes qui étaient devant elle et qui en avaient les
genoux tout meurtris. Son infirmière, une aveugle,
était obligée à tout moment de la soutenir, le
poids des jambes entraînant le corps qui glissait
sans cesse. Malgré sa grande faiblesse, qui faisait
craindre de la voir bientôt mourir, elle ne put
rien prendre qu'un peu de bouillon et quelques
fruits que lui procura M. l'Aumônier.

Cependant le train nous emportait toujours, pas
assez rapidement au gré de nos désirs. Les chants
pieux, les prières, les causeries ne nous faisaient
pas complètement oublier la longueur du voyage.
Car on trouve encore qu'on va lentement en
chemin de fer. On n'est que parti, on voudrait
être arrivé.

A la gare de Morcenx, on nous cria : « Vingt
minutes d'arrêt et buffet. » Or, il était passé minuit. Le chef traiteur n'eut pas à se mettre en frais

pour nous. Une autre table était dressée, un autre aliment allait être servi à nos âmes au Sanctuaire de Marie.

IX.

L'ARRIVÉE DU PÈLERINAGE.

Enfin nous sommes à Tarbes, et bientôt au terme désiré. La descente des wagons s'effectue en quelques instants. Notre procession s'organise, péniblement d'abord, à cause de l'encombrement des voitures, qui s'en retournent d'ailleurs presque toutes à vide, les cochers maugréant un peu. Il tombait aussi une petite pluie qui détrempait la terre. Mais enfin nos rangs se formèrent et défilèrent, à la suite de la bannière, au chant des cantiques.

La vue du sanctuaire de Marie Immaculée attirait nos regards et faisait palpiter nos cœurs. Nous revoyons le Gave, qui nous réjouit par le cours bruyant de ses eaux. Les sinuosités du chemin nous cachent de temps en temps l'église de Marie. Mais nous voici à ses pieds.

Ls R. P. Sempé est venu au-devant de nous entre deux acolytes, et il nous accueille avec une fraternelle cordialité. Nous sommes désormais d'anciennes et d'intimes connaissances. Qu'il fait bon de voir ce visage ouvert, gai, communicatif, où

se reflètent les sentiments de foi vive et de sainte
joie d'une âme qui est témoin depuis des années
de tant de merveilles de puissance, de grâce, de
bonté, que Notre-Seigneur accomplit par sa très
sainte Mère en ce glorieux sanctuaire de l'Immaculée Conception !

Nous montâmes directement à l'église, que nous
vîmes avec admiration toute parée des centaines
de bannières qui ont été offertes à NOTRE-DAME DE
LOURDES, lors de la grande manifestation nationale du 6 octobre 1872.

Déjà Narbonne et Carcassonne, reprenant leur
union et leurs cérémonies de la veille, avaient célé-
bré la messe de leurs pèlerinages réunis. Les pèlerins d'Amiens, arrivés la veille au soir, leur avaient
succédé, et ils firent place aux pèlerins de Niort.

Je dis donc la messe de notre pèlerinage, à
laquelle Notre-Seigneur, sous les auspices de sa
très sainte Mère, réjouit encore de sa présence
sacramentelle les âmes des pèlerins, tandis que
les autres prêtres offraient le saint sacrifice aux
divers autels de l'église et de la crypte. Quel mouvement de personnes en ces lieux ! quels concerts
d'hommages à la Vierge Immaculée ! quels par-
fums de prières et de tous les sentiments de la
Religion s'élèvent de là jusqu'au trône où MARIE
se tient debout comme une Reine magnifique,
comme une Avocate toute-puissante devant son
divin Fils assis à la droite de son Père dans le
séjour de l'éternelle gloire !

Heureux, ô Notre-Dame de Lourdes, ceux qui ont pu passer quelques moments dans votre sanctuaire ! plus heureux ceux qui ont pu y revenir ! Que n'est-il donné d'y demeurer et d'y achever son pèlerinage du temps à l'éternité !

Tandis que je descendais de l'église, après avoir dit la sainte messe, une voiture y montait, dans laquelle étaient une jeune fille et une personne malade, qui me saluèrent, mais auxquelles je ne fis pas attention.

X.

LA GUÉRISON DE CAROLINE.

Environ une heure après, j'étais dans le salon des Révérends Pères Missionnaires. J'entends tout à coup le chant du *Magnificat*, qui montait jusqu'à moi du chemin de la Grotte. Je pensai d'abord que c'était l'arrivée de quelque pèlerinage. Mais il y avait, dans les voix, des vibrations et un accent d'enthousiasme qui me firent comprendre que Marie venait de manifester encore une fois sa puissance. Je me disposais à descendre à la Grotte, lorsque la maison est envahie par une foule pressée dont on ne peut arrêter les flots. L'étroit corridor en est rempli. On se jette dans le salon où j'étais, et dont on a beaucoup de peine à fermer la porte. Je me trouve alors avec le R. P. Supérieur et quelques-uns de ses missionnaires, avec d'autres prêtres et plusieurs laïques, qui entouraient deux jeunes filles, dont l'une, plus âgée, témoignait, par l'émotion qui colorait son visage, de la faveur qu'elle venait de recevoir de MARIE, et dont l'autre exprimait par ses longs regards attachés sur son amie la stupeur et l'admiration qui se mêlaient à sa joie.

Je reprends la suite du récit que m'a adressé Pauline Mercier. Elle était arrivée de Tarbes à Lourdes dès la veille ; elle a dit pourquoi. Elle continue:

« Le matin donc, je me rendis à la gare, à cinq heures et quart. Vous savez bien que le train a eu du retard. Eh bien ! dans cette longue attente, je n'ai fait que répéter : *Doux Cœur de* MARIE. J'entendais une voix intérieure qui me disait qu'elle allait guérir ; j'en aurais juré. Enfin, quand le train fut arrivé, j'ai demandé la permission d'entrer sur la voie, et puis j'ai prié deux employés de la gare de me suivre avec une chaise ; qu'on leur donnerait ce qu'il faudrait, qu'ils devaient descendre une demoiselle qui ne pouvait pas marcher. Ils l'ont descendue avec beaucoup de précaution, et puis, de là, ils l'ont portée dans une voiture que j'ai louée devant la gare. Je suis montée avec elle. Par le chemin, je lui dis qu'elle allait guérir, que j'en étais sûre. Elle me dit de ne pas parler comme ça, que la sainte Vierge ferait comme elle l'entendrait. Tout le long du chemin nous n'avons fait que répéter : *Doux Cœur de* MARIE. La première chose, nous sommes allées à l'église souterraine. J'ai appelé deux femmes que j'avais **louées la** veille, pour m'aider à la porter **devant** l'autel. Nous l'avons portée sur une chaise, **une** femme de chaque côté, et moi les jambes, **parce** qu'elles flottaient comme un roseau **agité** par le vent. Elle entendit la sainte **messe** très difficilement. Elle croyait qu'elle ne pourrait pas y rester jusqu'à la fin, tellement elle se sentait faible. Elle était presque couchée sur deux chaises. Enfin elle ne pouvait pas se tenir. Toutes les personnes qui étaient autour de nous la regardaient d'un air de pitié. »

C'est ainsi, en effet, qu'un médecin de Narbonne, M. le docteur Peyrusse, en la voyant apporter, se dit à lui-même : « Voilà une pauvre infirme mourante ; si la sainte Vierge ne la guérit pas, on remportera un cadavre. »

Un moment après l'arrivée de Caroline, on déposa à côté d'elle une autre personne malade. « C'est peut-être celle-ci, pensa Caroline, qui sera guérie, et non pas moi. » Et elle pria pour cette infirme.

C'était à l'autel privilégié de l'Immaculée Conception, au-dessus de la Grotte de l'Apparition, et la messe était dite par un prêtre du pèlerinage d'Amiens, M. Candillon, curé d'Estrées-lez-Crécy. qui garde précieusement ce souvenir, et qui eut beaucoup de peine à donner la sainte communion à la malade.

« Nous avons, continue Pauline, fait la sainte communion, comme vous pensez, à la même intention, si c'était la volonté de Dieu et si cette guérison devait servir pour la conversion des pécheurs.

« Aussitôt après la messe, je prévins les mêmes personnes pour m'aider encore à la sortir de l'église, pensant que la voiture nous attendait pour la descendre à la Grotte. Pas du tout. Ça fait que nous avons été obligées de la porter nous-mêmes de la même manière qu'à la chapelle. Tout le monde qui se trouvait par là était assez occupé de regarder cet équipage et murmurait de douces plaintes. Arrivées devant la Grotte, nous n'en pouvions plus, tellement nous étions fatiguées. Elle aussi, pauvre enfant, elle était baignée de sueur. Je lui demandai si elle voulait aller devant la grille prier un peu, ou bien si elle voulait se baigner d'abord. Elle me répondit de la porter vite au bain, qu'elle se sentait défaillir, que nous priions la sainte Vierge dans la piscine. »

Caroline cependant jeta en passant un regard sur la statue de l'Apparition, et dit en elle-même : « Ma bonne Mère, je suis abandonnée de tous les médecins. Je suis convaincue que, si vous voulez, vous pouvez me guérir; mais je ne mérite pas une si grande grâce. Si seulement je pouvais marcher avec des béquilles ! »

Pauline continue :

« Nous n'avons pas pu entrer tout de suite, parce qu'il y avait une personne qui se baignait. Voyant qu'elle ne pouvait plus attendre, j'ai prié cette personne de vouloir bien se hâter un peu. Enfin nous voilà introduites dans la piscine miraculeuse. On disait la sainte messe dans la Grotte. Il y avait une foule innombrable, mais aussi un ordre complet. On n'entendait pas un mot. C'était un silence admirable. La sainte Vierge, du haut de la roche bénie, présidait cette heureuse assemblée, et elle recueillait les ferventes prières de tous ces pèlerins pour les présenter à son divin Fils, et puis pour répandre ses grâces les plus abondantes sur eux, je n'en doute pas. Revenons à ma petite Caroline.

« Nous avons eu toute la peine du monde pour la déshabiller. Ainsi, j'ai dû lui déchirer son gilet de flanelle pour pouvoir le sortir, parce qu'elle suait beaucoup. Nous répétions sans cesse : *Doux Cœur de* MARIE. Je lui mis une chemise que j'avais portée de chez nous. Et puis nous l'avons approchée du bassin, toujours sur la chaise. Elle a commencé de se mettre les jambes dans l'eau. Elle n'était encore qu'assise au bord du bassin, quand tout à coup elle s'écrie : « Je sens mes jambes ! » — Deux ou trois fois, moi je lui dis : « Pas possible ? » — Elle me répond avec plus de force. « Mais si, vraiment, je les sens. » — Alors, sans hésiter d'un moment, elle se plongea tout à fait dans le bain, elle qui, un moment avant, était comme sans mouvement et sans vie. Ce n'étaient pas seulement les jambes qui étaient malades, mais tout son corps, parce que sa maladie provenait de la moelle épinière. Les chevilles des pieds tournaient ; les os ne tenaient pas du tout. Elle n'avait pas de force non plus dans les bras. Elle avait aussi la vue très faible. Eh bien ! voilà que, dans l'espace d'une seconde, je voyais une réforme générale de tous ses membres. Je ne puis y penser sans verser des larmes ; dans l'instant où j'écris ces lignes, j'en arrose ce papier. Ma plume est impuissante pour vous dire, mon très révérend Père, ce que nous avons éprouvé ; il est impossible. Quant à moi, je criais comme une folle ; je ne sentais plus mon cœur ; je le donnai tout à la sainte Vierge. Eh bien ! une fois qu'elle fut dans le bain, elle dit encore : « Mais je suis guérie ! » Alors elle se prend avec les mains au bord du bassin, comme pour essayer si elle pouvait se lever seule. Voilà qu'elle se lève, et qu'elle se tient très bien sur les jambes sans l'appui de personne. Mes cris redoublent de plus en plus d'admiration et de bonheur. Je ne désirais que la mort dans ce moment. Elle se mit par trois fois à genoux dans l'eau comme par un mouvement irrésistible, comme si la sainte Vierge lui disait, comme elle avait dit par trois fois à la petite Bernadette, de faire pénitence. Et puis, voilà qu'elle sort de la piscine, seule. Vous dire ce qui se passait dans nos cœurs est impossible. Je la voyais debout, et je ne pouvais pas le croire encore. Je doutais si les pieds tenaient bien et si les os s'étaient repris de nouveau. Tout de suite je lui dis : « Voyons tes pieds, s'ils tiennent. » — Elle me dit : « Mais oui, les voilà ; ils tiennent très bien. » — Je ne me suis pas contentée de les voir ; j'ai voulu les toucher. J'étais incrédule comme Thomas. Mais vous ne le trouverez pas mal, j'en suis sûre. Car, après l'avoir vue comme elle était, et la voir sans aucun mal, c'était incroyable. Nous ne savions comment remercier assez la sainte Vierge. Ensuite elle s'habilla toute seule, sans consentir que personne la touchât. Puis elle me dit de porter ses appareils à la Grotte.

« Voilà, mon très révérend Père, tous les détails que je puis vous donner sur Caroline Esserteau. Tout le reste, vous le savez, puisque vous avez eu la grande charité de ne pas nous quitter. Permettez-moi de vous remercier encore une fois de tous les soins que vous nous avez prodigués. Mais soyez assuré que je ne vous oublie pas dans mes faibles prières. C'est mon devoir, mais un devoir bien doux. Je vous prie aussi de me pardonner le retard que j'ai mis à vous écrire. Je dois profiter du dimanche ; autrement, pendant la semaine, il m'est impossible. Vous serez assez indulgent aussi pour ne pas faire attention à ce griffonnage. J'ai été obligée de le faire à la hâte.

« Recevez, mon très révérend Père, l'assurance de mes sentiments les plus respectueux.

« Votre toute dévouée en Jésus-Christ,

« Pauline MERCIER, Enfant de Marie.

« Au moment où j'allais fermer ma lettre, le facteur m'apporte la *Semaine liturgique*. Je ne doute pas que ce ne soit votre bon cœur qui a pensé à la plus indigne de ses enfants. Ça m'a fait un sensible plaisir. Aussi je vais dire une fois de plus : *Doux Cœur de* MARIE, pour vous. »

Caroline racontait ainsi elle-même à M. l'Aumônier de l'hospice les premiers moments de sa guérison :

« A peine mes jambes sont-elles entrées dans l'eau miraculeuse, je sens la vie revenir et passer dans tous mes membres. Je n'ai plus de douleurs aux reins, ni à la poitrine, ni à la tête. Je dis aussitôt : Ma bonne Mère, je sens mes jambes, je suis guérie ! je ne méritais pas cette grâce. — Je me précipite à genoux dans la piscine, pour remercier ma Libératrice. Mon amie veut me soutenir. — Ne me touche pas, lui dis-je ; tu vois bien que je suis guérie. — Pauline, toute hors d'elle-même, jette des cris de joie. — Je lui dis : Ne crie donc pas, calme-toi. Prie plutôt avec moi, et remercions la sainte Vierge. — Je sors de l'eau, et je continue de prier. Pauline et les deux femmes sont dans la stupéfaction. Moi, j'embrasse les murs, le pavé, l'eau de la piscine. Je m'y plonge une deuxième et troisième fois en action de grâces. Je me mets à genoux dans l'eau, et je récite plusieurs prières. A la troisième fois, après avoir dit : *Doux Cœur de* MARIE, je m'y plonge tout entière, et je me jette de l'eau sur la tête. Si j'avais été digne, comme Bernadette, de voir la sainte Vierge ! Du moins, j'en suis sûre et convaincue, pendant et après ma guérison, je l'ai sentie ; j'ai senti sa présence. Il me semblait que la piscine en était toute remplie, qu'elle m'enveloppait, qu'elle me touchait : grâce dont j'étais bien indigne. »

Pendant ce temps-là on chantait le *Magnificat* à la Grotte. On criait : Vive NOTRE-DAME DE LOURDES ! et la foule des pèlerins arrivait et se pressait autour de la piscine.

Pauline avait eu bientôt causé tout ce mouvement, lorsqu'on avait entendu ses cris de joie, lorsqu'on l'avait vue tenant dans ses mains, élevant en l'air les appareils qu'elle portait à la Grotte, ces longues guêtres bardées de fer, que Caroline avait portées tant d'années nuit et jour, dont elle n'avait plus besoin désormais pour maintenir ses jambes complètement raffermies, et que le gardien de la Grotte prenait, tout ému lui-même, des mains de Pauline pour les appendre à la voûte du rocher, à la suite de tant d'autres trophées des victoires remportées par Notre-Dame de Lourdes sur les infirmités humaines.

Il était neuf heures, et les pèlerins d'Amiens descendaient à la Grotte. C'était un de leurs prêtres qui avait donné la communion à Caroline dans la crypte. Un autre des leurs, M. Miannay, curé de Bacouel, venait d'accompagner Pauline à la Grotte. La sainte Vierge les voulait associer à notre faveur et à notre joie, comme ils nous sont associés dans la possession des souvenirs du glorieux saint Martin et dans le culte que nous lui rendons. Avec leurs natures ardentes, comme on sait, ces nobles pèlerins, élite de la Picardie, subirent et augmentèrent l'enthousiasme général, et ce ne furent qu'acclamations en l'honneur de Marie.

XI.

LA SORTIE DE LA PISCINE.

Cependant Pauline ne parvint pas sans peine à traverser la foule et à rentrer dans la piscine, où elle trouva son amie qui l'attendait pour sortir. Caroline parut quelques instants hésiter à quitter ce lieu de sa guérison. Elle se troublait aussi de paraître devant tant de monde. Mais elle s'enhardit à la pensée de la gloire qui en reviendrait à Marie.

Aussi on l'attendait impatiemment. Elle sort, la voilà, Pauline auprès d'elle, les deux femmes la suivant. Il y eut alors parmi toute cette foule un premier moment de presse qui n'était vraiment pas sans péril. Chacun voulait voir, voulait savoir. On interrogeait, on demandait à quel pèlerinage elle appartenait. Car en ce jour et à cette heure, la sainte Vierge, ou Notre-Seigneur pour la gloire de sa très sainte Mère, avait amené dans ce lieu des pèlerins d'Aix, d'Amiens, de Brioude, de Narbonne, de Carcassonne, pour que cette guérison fût portée par toute la France, comme aussi elle s'était opérée dès la première heure, afin que ces milliers de pèlerins pussent la constater euxmêmes pendant deux jours entiers.

Il fallait donc protéger la *miraculée*, comme on l'appelait, contre les empressements de la foule. Deux officiers, du pèlerinage d'Amiens, dans leur tenue militaire, parviennent à faire un peu de vide autour d'elle et à lui frayer un passage. « Laissez, qu'on la voie, disent-ils, qu'on la voie marcher. » La foule se contient alors. L'un des officiers lève son képi, et s'écrie : « Vive Notre-Dame de Lourdes! Vive Marie Immaculée ! »

Tous les regards sont attachés sur la jeune fille, que l'on voit se tenir debout et marcher facilement, bien que toute saisie par une émotion qui se comprend mieux qu'on ne le pourrait exprimer. Sa figure annonce vingt-deux à vingt-trois ans. Elle a dix ans de plus; mais le progrès de la vie a été comme suspendu en elle par la maladie. Elle est vêtue de noir; elle tient dans ses mains un chapelet. On remarque sur sa poitrine une image du Sacré Cœur. A la vue de cet insigne et de sa forme, plusieurs de nos pèlerins s'écrient: « Mais c'est nous, c'est le pèlerinage de Niort : Dieu soit béni ! »

On se presse alors autour des pèlerins de Niort. Quelques mots circulent parmi la foule et sont répétés de bouche en bouche : « C'est une paralysée, atteinte depuis dix à onze ans, aux Incurables de l'Hospice de Niort depuis quatre ans, abandonnée des médecins ; elle est venue à grand'-peine ; elle a failli mourir en route. » D'autres choses, plus ou moins exactes, sont dites dans ces premiers moments.

Du reste, beaucoup l'avaient vue porter à la piscine par trois personnes ; et maintenant, elle était là, marchant devant tout le monde, sans autre embarras que son émotion, et gênée toutefois par la trop grande largeur de ses bottines qui chaussaient auparavant ses appareils plutôt que ses pieds. Elle-même disait, autant qu'elle pouvait se faire entendre : « Aussitôt que mes jambes ont été dans l'eau, j'ai senti mes jambes, j'ai senti l'eau ; j'étais guérie. » — Et elle ajoutait, elle ne cessait de dire : « Je ne méritais pas une si grande grâce ; remerciez la sainte Vierge pour moi. »

Les pèlerins d'Amiens qui se trouvaient là réunis, ce beau pèlerinage venu de si loin, se pres-

saient autour d'elle. De leurs fortes voix, et avec
une ardeur qui ne démentait pas le témoignage
qu'un de leurs illustres évêques a rendu des
Picards, ils chantent le *Magnificat*, et tous les
pèlerins avec eux dans un enthousiasme indes-
criptible.

C'est ainsi qu'on se dirige vers la maison des
Missionnaires, nos braves officiers, aidés de plusieurs autres personnes, s'efforçant toujours de
contenir la foule, qui allait grossissant pendant ce
parcours.

Pourquoi ne dirais-je pas les noms de ces deux
officiers? L'un était M. le comte Paul de Rougé,
bien connu dans le voisinage du château de Guyen-
court, près de Moreuil; l'autre était M. Charles
Douville de Franssu, capitaine adjudant-major au
19e chasseurs.

XII.

CAROLINE EN MARCHE A LA MAISON DES PÈRES.

M. l'Aumônier de l'Hospice, qui se rendait à la
Grotte, entend parler de la guérison miraculeuse
d'une petite fille. C'était une méprise. Une petite
fille avait bien été portée à la piscine par son père;
elle en était sortie dans le même état, et elle pleu-
rait, ainsi que son pauvre père. M. l'Aumônier,
s'étant approché, reconnaît Caroline. Ses genoux

fléchissent sous lui, tant est vive son émotion. Caroline l'avait demandé, comme son bon père, aussitôt après sa guérison. Il avait été si dévoué pour elle pendant quatre ans! Ce digne prêtre, voyant Caroline marcher ainsi librement, ouvre les bras et s'écrie : « Ah ! chère enfant, que je suis heureux! Oui, je suis heureux; c'est un des plus beaux jours de ma vie. »

C'est pendant que M. l'Aumônier achevait de dire la sainte messe, et que toutes les filles de l'Hospice faisaient leur action de grâces, que s'opérait la guérison de Caroline. Plusieurs de ces bonnes filles arrivent en même temps que M. l'Aumônier. Elles parviennent jusqu'à leur compagne qu'elles embrassent en pleurant. L'une d'elles, bien connue dans l'Hospice de Niort, manifestait la plus grande joie, sans penser qu'elle était venue elle-même à Lourdes pour être guérie de sa cécité, qui ne l'empêche pas d'assister les malades avec autant d'adresse que de dévouement.

Le R. P. Briant eut aussi la satisfaction de se trouver là sur le passage. C'était une récompense : car, sans lui, notre pèlerinage n'aurait pas pu s'accomplir.

Je ne dois pas oublier ici M. le docteur Peyrusse, du pèlerinage de Narbonne, qui a écrit à son confrère, M. le docteur Cavayé, de Sigean (Aude), la lettre suivante :

« Narbonne, 12 juillet 1873.

« Mon cher Cavayé,

« Avez-vous pris le nom de notre confrère, médecin de l'hôpital de Niort, qui a donné des soins à Caroline Esserteau ? Si vous l'avez, donnez-le-moi, je vous prie, sans retard.

« J'ai vu, dans la crypte, Caroline Esserteau, paralysée des membres pelviens. C'était en quelque sorte un cadavre porté à bras sur un fauteuil. Je n'ai pas assisté à son immersion dans l'eau de la piscine. Mais, le P. Amédée m'ayant appris la guérison subite, instantanée, dont il avait été lui-même témoin, j'ai voulu voir mon cadavre de la crypte. Ce n'était plus lui. Caroline a marché devant moi d'un pas ferme et assuré ; la force musculaire, la sensibilité de ses membres étaient revenues. C'était miracle.

« Ne voulant pas en croire mes yeux, je veux écrire à notre confrère de Niort, dont j'attends le nom. Je compte sur votre prompte réponse.

« Tout à vous,

« A. PEYRUSSE. »

XIII.

CAROLINE CHEZ LES PÈRES. — LE DOCTEUR CAVAYÉ.

On arrive enfin chez les Missionnaires, et on entre dans le salon, qui est bientôt rempli. On en ferme les portes avec peine, en faisant refluer la foule au dehors. Le R. P. Supérieur veut faire asseoir Caroline. — « Oh ! non, dit-elle, que dirait la sainte Vierge ? Je puis bien me tenir. » — Et elle frappait le plancher de ses pieds. Sa fidèle Pauline la regardait de ses grands yeux pleins de larmes, et pouvait se convaincre de plus en plus que ses pieds la soutenaient très bien, que ses jambes étaient aussi devenues fortes, de si maigres et si décharnées qu'elle les avait vues. Du reste, Caroline les montrait avec une grande simplicité.

On voulait lui faire prendre quelque chose ; elle prit seulement un peu de vin et d'eau. Elle restait toujours debout, pressée de questions par les uns et les autres, répondant bonnement, facilement, et ne se lassant pas de dire : « Je ne méritais pas cette grâce ; la sainte Vierge est bien bonne. »

Cependant on lui présenta, sans qu'elle ait jamais pu savoir d'où elles lui venaient, des bottines qui allaient à ses pieds. Elle quitta donc celles qui avaient été faites en raison de ses appareils, et elle chaussa les nouvelles sans aucun effort. Ce lui fut une satisfaction d'être ainsi chaussée et de pouvoir marcher à son aise.

Comme on l'assiégeait dans le salon, chacun voulant avoir sa signature, et que les portes s'ouvraient sans cesse et donnaient accès à de nouveaux pèlerins, pour avoir plus de tranquillité, le R. P. Supérieur nous fit monter dans la chambre dite de *Monseigneur*. Caroline en monta l'escalier sans s'appuyer sur la rampe. Son amie la suivait. J'étais toujours là, ainsi que M. l'abbé Cotillon, Aumônier de l'Hospice, le R. P. Supérieur, plusieurs de ses Pères, et quelques prêtres et laïques des divers pèlerinages. Un médecin du pèlerinage de Narbonne ayant demandé à entrer, on s'empressa de le recevoir. C'était M. le docteur Cavayé, de Sigean, qui fit beaucoup de questions à Caroline. Plusieurs des assistants prenaient des notes sur ce qu'ils entendaient.

Caroline répondit en substance, conformément à ce que j'ai eu occasion déjà de dire, que sa santé avait été très bonne jusqu'à vingt-deux ans, qu'elle avait eu, à la suite de fatigues, transpiration et refroidissements, puis engourdissement dans les jambes, qui s'étaient paralysées et étaient devenues insensibles; que ses pieds étaient tout contournés, qu'on lui avait mis des appareils pour les maintenir ainsi que ses jambes; que sa mère était aux incurables et paralysée, que son père était mort d'une paralysie au cerveau, que ses grands-parents avaient été aussi atteints de paralysie. Sur quoi M. le docteur constata que la jeune fille avait une atrophie de la moelle épinière héréditaire directe, puisqu'il n'y avait pas de saut de génération. Caroline parla de ses deux saisons passées à Barèges, en 1871 et 1872, sans aucun résultat. Interrogée sur ce pèlerinage qui venait de l'amener si heureusement à Lourdes, elle parla, avec une intention qui ne dut pas échapper à Pauline et qui dut gêner sa modestie, d'une amie qui s'était offerte à lui payer son voyage, et qui était de Tarbes.

Caroline exprimait aussi un sentiment qui tenait une grande place dans son cœur. Elle s'affligeait de l'état spirituel d'un frère qui, âgé de dix-neuf ans, n'avait pas encore fait sa première communion. Elle avait désiré de guérir pour la conversion de ce frère, et aussi pour le retour à Dieu de plusieurs membres de sa famille.

Elle se reporta ensuite sur les circonstances de sa guérison. Je me plais à répéter ces paroles, qui disent la même chose, avec l'intérêt de quelques variantes :

« Après la communion , dit-elle, je me sentis défaillir, et je priai ma compagne de me faire porter tout de suite à la Grotte. En passant devant l'image de l'Apparition, je demandai à la sainte Vierge de me bénir et surtout mon pauvre frère. Deux vendeuses de cierges et ma compagne me portèrent dans la piscine. On me déshabilla avec beaucoup de précaution : car le moindre mouvement me causait les plus terribles douleurs. Enfin on me descend dans la piscine, d'abord jusqu'aux genoux. A peine mes pieds et mes jambes étaient-ils dans l'eau, que je crie aux personnes qui me soutenaient : « Je sens que je suis dans l'eau, je suis guérie ! » — Au même moment, je leur dis de me laisser, et toute seule je me jette dans l'eau jusqu'aux reins où je souffrais si cruellement auparavant, et je me précipite une deuxième fois jusqu'à la tête. Je ne sentais plus la moindre douleur Je sortis de l'eau, je m'habillai toute seule. Je chaussai mes bottines qui étaient bien grandes, maintenant que je n'avais plus mes appareils, et je me mis à marcher. En ce moment, j'éprouvai que le sang circulait dans mes jambes et que mes pieds étaient chauds, ce que je n'avais pas ressenti depuis dix ans. »

« Mais maintenant, demanda M. le docteur Cavayé, marchez-vous facilement? Êtes-vous ferme sur les jambes et les pieds? » Se levant alors promptement, pour toute réponse elle marche en frappant fortement le plancher des deux pieds, comme elle avait fait en bas dans le salon. Puis, sur la demande qu'on lui en fit, elle releva sa robe et montra ses jambes, qui étaient pleines comme celles d'une personne bien portante.

Il était difficile de n'être pas ému; difficile aussi de se soustraire à la pensée que c'était là une guérison extra-médicale. M. le docteur Cavayé s'en exprima franchement et explicitement dans ce sens.

Pendant que cela se passait au dedans devant une vingtaine de témoins, la foule des pèlerins demeurait compacte au dehors, attendant que la jeune fille reparût. Le R. P. Supérieur proposa à Caroline de se montrer à la fenêtre, ce qu'elle fit avec une docile simplicité. On lui donna même une chaise, sur laquelle elle monta sans peine, et, de là, au milieu du silence qui se fit aussitôt, elle dit que le commencement de son mal remontait à dix ans, qu'elle était depuis quatre ans toute paralysée des jambes, qu'elle avait été envoyée à

Barèges deux années de suite inutilement, qu'elle était venue ces deux fois à Lourdes sans que la sainte Vierge eût voulu la guérir, mais que sa confiance n'avait pas faibli, et qu'elle avait promis à la sainte Vierge de revenir une troisième fois solliciter sa miséricorde.

Elle fut interrompue en ce moment par ces paroles sorties de plusieurs bouches : « La persévérance a été récompensée. »

« Aidez-moi, reprit Caroline, à remercier la sainte Vierge. Je ne méritais pas une si grande grâce. Priez pour moi. »

Elle prit ainsi congé de la foule, et quitta la fenêtre. Nous la fîmes asseoir enfin, et ce fut alors seulement qu'elle consentit à prendre un peu de nourriture. Il était bien dix heures. Elle disait qu'elle n'éprouvait pas le besoin de manger, que son âme était remplie, que son corps était d'ailleurs bien fortifié désormais. On insista : elle obéit. Elle s'assit à table, sa chère Pauline à côté d'elle ; et toutes les deux étaient servies par les bons Pères eux-mêmes, en étant toutes confuses, mais ne pouvant en empêcher. « Enfin, disaient-elles ensemble, c'est pour la gloire de Marie ; puisque Marie le veut ainsi. »

Je dus aussi moi, l'heure de midi arrivée, éprouver le même sentiment, tenir le même langage, et renvoyer à Marie l'honneur de la place que le R. P. Supérieur me fit occuper à sa table devant lui, entre les vénérables archiprêtres d'Amiens et de Brioude. Il y avait aussi les archiprêtres de Carcassonne et de Narbonne, peut-être celui d'Aix, le curé de Saint-Jacques d'Amiens, et plusieurs autres prêtres de divers diocèses. On peut penser quel fut le sujet de la conversation pendant une partie du repas. Puis on s'entretint de tant d'autres merveilles opérées à Lourdes. On parla ensuite des pèlerinages que les lignes de fer amènent de tous côtés aux sanctuaires dont la France est si riche encore malgré les ravages des révolutions ; et toujours on concluait que l'espérance est permise, même dans un prochain avenir.

C'est déjà une bénédiction de se trouver ainsi, venus de points si éloignés, dans une parfaite union et conformité de sentiments que ces pèlerinages fortifient et développent au grand avantage du pays tout entier.

XIV.

LES VÊPRES.

A l'heure des vêpres, que nous devions avoir, après Narbonne et Carcassonne, en union avec nos frères de Brioude, j'allai prendre Caroline. Ce ne fut pas une petite chose que de la conduire de la maison des Pères à l'église, au travers des pèlerins qui y montaient, et qui, la reconnaissant, faisaient aussitôt groupe autour d'elle. Enfin, en passant par la crypte et par la sacristie, nous pûmes arriver à l'église, où son entrée, quoique très discrète et presque furtive, remarquée et signalée de proche en proche, produisit dans les rangs des fidèles une très sensible émotion. Elle se tint presque constamment à genoux avec son inséparable amie, dans une petite place à côté de la sacristie. Les règles de l'Église, qui prescrivent de ne rien préjuger en cet ordre de choses, furent scrupuleusement observées dans cette circonstance.

Par le même motif, dans le discours que je prononçai après le *Magnificat*, je tâchai de contenir les sentiments de mon âme, et je ne fis qu'indirectement allusion à la grâce dont notre pèlerinage était favorisé. J'avais pris pour texte les premiers mots de l'Antienne bien connue des fidèles de MARIE : *Sub tuum præsidium confugimus, sancta Dei Genitrix.*

« Avons-nous besoin de protection sur la terre ? Avons-nous besoin de protection à l'époque et dans les circonstances où nous vivons ? En avons-nous besoin même dans les choses temporelles de la société et du pays ? En avons-nous besoin surtout pour la vie, pour la sécurité, pour le salut de notre âme, ce qui est tout pour chacun de nous ? Or, cette protection dont nous avons besoin, nous la trouvons dans MARIE, et particulièrement dans NOTRE-DAME DE LOURDES. Les faits abondent pour le démontrer. L'histoire du christianisme est l'histoire des bienfaits et des grâces de MARIE. Quelles pages à ajouter sous ce rapport à l'histoire générale du christianisme par l'histoire particulière mais désormais universellement connue du sanctuaire de Lourdes ! Que de merveilles de guérisons corporelles, récompense et excitation de la foi et de la piété ! Que de merveilles de guérisons spirituelles dont plusieurs sont frappantes et notoires, dont le plus grand nombre demeurent le secret des familles ou même de ceux-là seulement qui les ont obtenues, mais qui toutes éclateront pour la gloire de Notre-Seigneur et de sa très sainte Mère au jour de la manifestation générale ! Que de grâces accordées dans tous ces pèlerinages ! Oserai-je parler de la grâce insigne qui a marqué le nôtre à la première heure de notre arrivée, et qui est là sous nos regards ? Que ne puis-je parler des retours à Dieu qui en ont été, je le sais, la conséquence aussi prompte que directe ? Et que ne sommes-nous pas en droit d'espérer pour d'autres âmes, à notre retour ? MARIE est vraiment notre Cité de refuge. Comme elle est la Santé des infirmes, elle est le Refuge des pécheurs, et la Consolatrice des affligés, et le Secours des chrétiens. MARIE nous donne JÉSUS sur la terre, et nous le donne à jamais au ciel. »

Après la Bénédiction du Très-Saint-Sacrement, que nous reçûmes par le ministère du P. Briant, Caroline passa à la sacristie, où, malgré l'exiguïté du lieu, elle fut, comme en y entrant avant les vêpres, entourée de prêtres et de fidèles, qui lui demandaient sa signature, qui lui offraient des médailles et des images, ou qui lui en donnaient pour les recevoir ensuite d'elle comme souvenirs. Enfin elle put descendre le petit escalier qui conduit à la crypte. Elle s'arrêta, en passant, à l'autel où elle avait, au matin de ce jour, entendu la messe et communié, dans un état de si grande faiblesse. Elle se mit à genoux, et pria quelque temps avec larmes, dans l'effusion de la plus vive reconnaissance.

Elle aurait voulu se rendre à la Grotte. Il me parut prudent de la soustraire à des empressements qu'il était impossible de contenir. C'est pourquoi, après l'avoir conduite chez les Pères, je fis venir, jusqu'auprès du perron, une voiture où elle monta, sans aide de personne, avec sa fidèle amie et M. l'abbé Cotillon, pour retourner à Lourdes.

Ils furent obligés, en chemin, de se ranger de côté pour faire place au défilé du pèlerinage d'Amiens, qui, après s'être réuni à l'église paroissiale, venait dans un ordre magnifique à l'église de Notre-Dame. Quelques pèlerins reconnurent Caroline, et on se serait arrêté pour la voir et lui parler s'il n'avait pas fallu garder les rangs de la procession. Caroline en put admirer la marche solennelle, et elle se réjouit de l'honneur qui en revenait à Marie.

Quand le défilé de cette belle procession fut terminé, la voiture se remit en mouvement, et

Caroline, arrivée à destination, en descendit toute seule, comme elle monta, sans être aidée, dans sa chambre.

XV.

LES TÉLÉGRAMMES.

M. l'abbé Cotillon l'y laissa pour aller expédier un télégramme à la Supérieure de l'Hospice de Niort, et aussi à une sœur de Caroline, près d'Arcachon. Un prêtre d'Amiens, sur le désir exprimé par Caroline, en avait déjà expédié un à Barèges. J'ai su, depuis, qu'il en était parti un pour Rome, et sans doute il en fut envoyé en divers lieux. Des lettres aussi partirent et firent connaître l'étonnante guérison en bien des endroits. Des articles, trop précipités, il faut le dire, pour être tout à fait exacts, furent adressés aux journaux. Telle était l'émotion générale.

Le télégramme qui arriva à Barèges y produisit une vive sensation. M. le docteur Grimaud, à qui il était adressé, en fut tout attendri, ainsi que sa femme et sa fille, comme il fut touché de la reconnaissance que lui témoignait ainsi la malade qu'il avait traitée avec tant de soin. Les personnes qui étaient à Barèges pour la seconde ou pour la troisième année, et qui avaient bien connu Caroline, dont le triste état attirait l'attention et excitait la sympathie de tout le monde, crièrent au miracle. Les Sœurs et les autres personnes employées à l'hospice Sainte-Eugénie furent dans l'admiration d'une telle guérison. La baigneuse, Louise Péret, femme de 45 à 50 ans, se montra des plus sensibles à cet événement. Elle se rappelait et elle se mit à raconter comme elle avait porté tant de fois la paralysée sous la douche, qu'elle était obligée de recevoir elle-même avec la malade qui n'aurait pas pu y rester si elle n'avait été soutenue, et comme elle lui enfonçait des aiguilles dans les jambes sans y exciter la moindre sensibilité.

Après plus de deux mois, on s'entretenait encore aussi vivement à Barèges de la guérison de Caroline Esserteau. M. le curé de Barèges et son vicaire, qui ont souvent visité Caroline infirme, en causaient de même, tout récemment, avec un respectable prêtre de Bordeaux, M. l'abbé Gaussens, curé de la basilique de Saint-Seurin, en présence de M. le docteur Grimaud, qui était heureux de répondre à leurs questions, et qui donnait sans hésiter son appréciation.

Mais quelle ne fut pas l'émotion qui éclata dans l'Hospice de Niort, et bientôt par toute la ville, à la réception du télégramme de M. l'abbé Cotillon !

Il était parti de Lourdes à trois heures quarante minutes, par conséquent après plus de six heures que la guérison depuis opérée se maintenait, et il portait pour adresse :

« Supérieure Hospice Niort, Deux-Sèvres. »

Le télégramme arriva à Niort, à l'Hospice, à cinq heures et demie. La Supérieure était au chœur ; on avait commencé le Salut du Saint-Sacrement, qui était donné par M. l'abbé Fraigneau. Les Sœurs chantaient les Litanies de la sainte Vierge en union avec les pèlerins de Lourdes. Un Frère apporte le télégramme à la Supérieure en lui disant : « Lourdes, lisez ; sans doute un miracle. » — La Supérieure, toute saisie, sort, ne voulant pas lire dans la chapelle, et, rentrant à l'instant, dit à ses Sœurs, à demi-voix à peine contenue : « *Magnificat,* une guérison ! » Elle envoie en même temps par un Frère le télégramme au prêtre qui était à genoux, à l'autel. Le Frère dit : « Lisez, mon Père, et faites chanter le *Magnificat.* » — Le prêtre, ému, hésite d'abord à lire dans ce lieu et dans ce moment. Il lit enfin une première fois, il lit une seconde, et, joignant les mains, il remercie Dieu et la sainte Vierge, et pleure comme un enfant. Cependant, les Litanies étant achevées, le prêtre se lève pour annoncer la nouvelle à la pieuse assistance, qui s'était aperçue du mouvement qui avait eu lieu et qui en attendait l'explication.

Le prêtre ne prononce d'abord que ces mots : « Lourdes, une dépêche ! » — et avec un tel accent, si troublé, que l'on croit que c'est une mauvaise nouvelle, et qu'il est arrivé un grand malheur. Enfin il lit la dépêche, qui était ainsi conçue :

« Caroline Esserteau guérie subitement.
« Enthousiasme général. Avertissez administrateurs, médecins, parents.

« Cotillon, Aumônier. »

Qu'on juge, s'il est possible, de l'impression que produisit cette dépêche sur l'assistance, et en particulier sur les personnes mêmes de l'Hospice, qui avaient vu la pauvre fille, pendant ces quatre années et la veille encore de son départ, dans un si déplorable état. La sainteté du lieu et du moment arrêta l'explosion de la joie et de l'admiration. Mais quand le prêtre eut entonné le *Magnificat*, tout le monde le continua avec entraînement. On eût dit d'une seule voix ; c'était bien du même cœur.

Après la Bénédiction du Saint-Sacrement, le célébrant relut, avec fermeté cette fois, la dépêche, qu'on écouta avec une nouvelle attention, comme pour y croire davantage et aussi pour en retenir tous les mots.

Une messe d'action de grâces fut annoncée pour le lendemain, et les Religieuses et d'autres bonnes âmes prirent leurs dispositions pour y communier.

La nouvelle circula rapidement dans la soirée

par les divers quartiers de la ville, et fut l'objet
de toutes sortes de commentaires, d'explications,
de discussions.

XVI.

LA PROCESSION AUX FLAMBEAUX.

Cette même soirée nous la passions délicieusement à Lourdes dans la marche de la procession
aux flambeaux : magnifique et émouvante céré-
monie, vraiment faite pour ces lieux et qu'on
trouve toujours plus belle à chaque fois qu'on a le
bonheur d'y assister.

Il y avait, ce soir-là, plus de trois mille personnes composant les pèlerinages de Narbonne, de
Carcassonne, de Brioude et d'Amiens, arrivés de la
veille, et celui d'Aix et le nôtre, arrivés le matin.

Après les paroles toujours ardentes du R. P.
Sempé à la Grotte, la procession commença. Ceux
qui étaient en tête portaient des torches d'une
notable grosseur, qui éclairaient à une grande
distance. Des milliers de cierges illuminèrent la
colline, et la première lettre du nom de MARIE,
formée par les lacets du sentier, parut bientôt
tout en feu.

Nous nous suivions, pèlerins venus de contrées
si diverses, mêlés les uns aux autres comme les
membres d'une même famille que les distances
ne séparaient plus, et nous chantions ensemble le

Magnificat ; dont les versets alternaient, tantôt avec le refrain :

Mère admirable,
Priez pour nous,
La France fut coupable ;
Mais elle est à genoux.

tantôt avec cet autre refrain :

Vierge, notre espérance,
Étends sur nous ton bras ;
Sauve, sauve la France,
Ne l'abandonne pas.

Ainsi, tout pour la France sous la garde de MARIE.

Nous arrivâmes, après une marche lente de plus de deux heures, à la place de Lourdes, où la procession décrivit des cercles rentrants toujours plus étroits, jusqu'à ce que la place fût toute remplie.

Les fenêtres à l'entour étaient garnies de spectateurs. A celles d'une maison se trouvaient les filles de l'Hospice de Niort, et Pauline était avec elles. « Oh ! dit celle-ci, quel dommage que Caroline ne soit pas là ! » — Caroline, qui n'avait cessé de recevoir du monde et d'écrire sur les cartes, livres, gravures qu'on lui présentait, s'était enfin couchée par obéissance, mais en elle dormait pas ; son amie, sur la permission facilement donnée par M. l'Aumônier, la fit lever sans peine, et fut aise de la voir jouir du spectacle de ces milliers de pèlerins réunis sur la place, leurs cierges allumés à la main, chantant de tout leur cœur.

Enfin les chants s'arrêtent, les lumières se dispersent et disparaissent. La plupart des pèlerins ont gagné leurs domiciles. D'autres, en assez grand nombre, reprennent le chemin de l'église de Notre-Dame, où les messes vont se succéder à partir de minuit.

XVII.

CAROLINE A LA GROTTE.

Le lendemain, jeudi, je devais avoir le bonheur de dire la sainte messe à l'autel de la Grotte, à six heures. En y arrivant, vers cinq heures et demie, j'y trouvai Caroline, qui était venue à pied de Lourdes : on sait la distance. Elle n'avait pourtant pas beaucoup reposé la veille. Jusqu'au soir, sa chambre avait été remplie de personnes avides de la voir et d'entendre de sa bouche quelques détails sur sa maladie et sa guérison. Même couchée, on ne la laissait pas seule encore. Enfin on s'était retiré, lorsque Pauline la vint appeler pour qu'elle vît au moins la fin brillante de la procession aux flambeaux. Quand elle se fut remise au lit, pense-t-on qu'elle put dormir profondément et que son sommeil ne fut pas agité par les émotions du jour? Néanmoins, elle n'eut pas de peine à se lever, et elle fut prompte à partir avec sa fidèle Pauline.

Je les trouvai donc déjà pieusement agenouillées dans l'intérieur de la Grotte. Elles entendirent la messe, et toutes deux firent la communion d'action de grâces, à laquelle s'associèrent, mais du dehors et par les barreaux de la grille, un grand nombre de fidèles des divers pèlerinages. Le R. P. Briant dit la seconde messe.

Caroline n'eut pas la liberté de prier Dieu à part soi et de se livrer aux élans de sa reconnaissance. On lui passait continuellement par la grille des images, des cartes, des livres, des bréviaires, pour qu'elle y écrivît quelques mots ou simplement son nom. Il faut avoir vu cet empressement pour s'en faire une idée. C'étaient des prêtres de tout âge, c'étaient des fidèles de tout rang et de toute condition. Les prétendus esprits forts trouveront facile de plaisanter à ce sujet, ou ils ne se feront pas faute de sourire de pitié. A quoi bon chercher à leur donner l'intelligence de ces choses, qui sont de tous les temps et de tous les pays dans l'histoire de la Religion ? La lumière se fera dans leurs esprits aussitôt que leurs cœurs se seront remplis de bonne volonté.

Caroline se prêtait à tout ce qu'on demandait d'elle. C'était pour la gloire de Marie : cela lui suffisait. Cependant le R. P. Supérieur fut obligé de s'interposer, parce que la presse qui se faisait à la grille troublait le silence commandé par les messes qui continuaient de se dire à l'autel de la Grotte.

Caroline put alors prier dans une douce paix. Il était plus de dix heures ; elle n'avait rien pris, qu'un peu d'eau de la fontaine, et elle n'éprouvait pas le besoin de manger. Elle voulait rester toute la journée dans la Grotte, pour être auprès de sa bonne Mère du ciel, et aussi pour être là comme un témoignage vivant de la grande miséricorde de MARIE. Sa fidèle Pauline serait allée lui chercher quelque peu de nourriture, quand elle en aurait eu senti le besoin. Mais elle céda aux conseils qui lui furent donnés, et surtout à l'observation qu'on lui fit que ce serait trop présumer de la très sainte Vierge et lui demander un prodige de plus.

XVIII.

CAROLINE REVIENT A LOURDES. — M. PEYRAMALE.

Nous sortîmes donc de la Grotte. Les rangs serrés de la foule s'ouvrirent, et tous, émus, attendris, la regardaient marcher sans être soutenue ; et on bénissait Dieu, et on glorifiait la sainte Vierge MARIE.

Caroline reprit ainsi à pied le chemin de Lourdes. Disons qu'elle fit le trajet, cette fois, péniblement. L'heure de la matinée était avancée, il faisait très chaud, elle était à jeun. Et puis il lui était venu de larges ampoules sous toute la plante des pieds.

Certains trouveront peut-être que la sensibilité avait été trop abondamment rendue à ces pieds qui furent si longtemps inertes et incapables d'aucune sensation. Ne devait-on pas, après notre arrivée à Niort, arguer de l'enflure, de l'*œdème*, qui se remarqua pendant quelques jours aux jambes, pour conclure qu'il n'y avait eu à Lourdes qu'une apparence de guérison ?

La pauvre fille luttait contre la souffrance que lui causaient les ampoules de ses pieds, et marchait de son mieux, « dans la crainte qu'elle avait, me disait-elle, de diminuer la grâce de la sainte Vierge MARIE. »

Je la faisais s'arrêter de temps en temps et s'asseoir à l'ombre des tentures des marchands de chapelets, qui offraient tous leurs services et qui, du reste, n'y perdaient pas, parce que la présence de Caroline, que je m'efforçais en vain de dissimuler aux passants, de peur que décidément nous ne puissions pas arriver à Lourdes, faisait bien aller la vente. On achetait pour donner des souvenirs à la *miraculée*, pour avoir aussi quelques mots de sa main.

Enfin nous sommes à Lourdes. Caroline, sur qui se fixaient tous les regards, monte l'escalier de son appartement sans vouloir le soutien que lui offrait sa compagne, mais avec l'effort d'une personne très fatiguée. On l'eût été à moins en bonne santé. Elle s'était à peine assise, qu'une tasse de café lui fut apportée avec un religieux empressement par le coiffeur d'en bas, dont je regrette de n'avoir pas pris le nom. La sainte Vierge le lui rendra, puisque son divin Fils a promis de ne pas laisser sans récompense un verre d'eau froide donné pour l'amour de Lui.

Après avoir recommandé à Caroline, comme M. l'Aumônier, la veille, et sans plus de succès, de fermer sa porte aux visiteurs pour reposer un peu, je la quittai, en lui disant que je la viendrais prendre pour les vêpres.

J'allai faire visite au vénérable curé de Lourdes, qui m'accueillit avec sa franche manière et comme un confrère de vieille connaissance. Il avait chez lui en ce moment plusieurs pèlerins d'Amiens. Sur les félicitations qu'ils m'adressèrent, M. Peyramale, avec un regard et un sourire et un accent de bonne plaisanterie, jeta ces seuls mots : « Ah ! *signa dantur infidelibus* (les miracles sont pour ceux qui n'ont pas la foi). — Oh ! répliquai-je, ils sont aussi pour ceux qui ont la foi, pour les fortifier et pour les réjouir. »

J'écrivis chez M. le curé de Lourdes au parrain de Caroline à Poitiers ; j'écrivis aussi à Niort, à l'un de mes vicaires ; mais, malheureusement, cette lettre n'arriva qu'après nous. M. l'abbé Cotillon était à Bétharram avec les filles de l'Hospice, auxquelles il avait promis cet autre pèlerinage, et il n'écrivit pas à Niort.

3*

XIX.

ON S'INQUIÈTE A NIORT.

On y fut dans une grande anxiété, de ne pas recevoir de lettre en confirmation et en explication du télégramme. Les commentaires peu favorables eurent libre carrière. « On s'était trop pressé de croire à la guérison ; c'était un mieux du moment, qui ne s'était pas soutenu. » — Puis les critiques et les regrets, en témoignage de zèle pour la Religion : « Pourquoi n'avoir pas attendu ? C'est ainsi qu'on prête à la moquerie, et qu'on donne gain de cause aux ennemis de la Religion. »

Cependant le télégramme qu'on avait reçu la veille était formel, clair, précis :

« Caroline Esserteau guérie subitement. Enthousiasme général. Avertissez administrateurs, médecins, parents. »

Et ce télégramme était envoyé par un prêtre grave d'âge et de caractère.

Néanmoins, comme on ne recevait pas de lettre, le doute s'emparait des esprits. La bonne Supérieure de l'Hospice et ses Sœurs, qui, malgré tout, ne pouvaient croire à une déception, étaient obligées d'écouter les observations et les conseils qu'une officieuse prudence leur adressait pour les empêcher de se livrer à des démonstrations qu'elles regretteraient ensuite.

Plusieurs dépêches furent envoyées à Lourdes pour demander la confirmation de la nouvelle avec des détails. Une seule nous arriva : elle était adressée à M. l'abbé Cotillon ; elle me fut remise en raison de son absence. Je n'y répondis pas par un nouveau télégramme, parce que le premier me semblait suffisant, et aussi parce que la dépêche accusait une incrédulité systématique qui ne se justifiait pas à mes yeux, et enfin parce que je venais d'écrire à Niort.

Je ne me faisais pas d'ailleurs une juste idée des perplexités où l'on y était, et je me livrais aux joies de notre pèlerinage, sans autre préoccupation que de n'en rien perdre et de les savourer à loisir.

XX.

LES VÊPRES DU SECOND JOUR. — LA SECONDE
PROCESSION AUX FLAMBEAUX.

C'était bientôt l'heure des vêpres. J'allai au logement de Caroline ; je la trouvai assiégée de pèlerins qui n'avaient pas cessé de se succéder autour d'elle depuis que je l'avais quittée. N'était-ce pas comme un nouveau prodige qu'elle pût supporter ce qui aurait dû être pour elle une si grande fatigue? Il n'y paraissait rien, à la voir répondant, parlant, écrivant, donnant à tous satisfaction. Pauline était en commission pour elle, se dévouant à ses moindres désirs.

Je m'étais enquis d'une voiture, que j'eus beaucoup de peine à me procurer dans cette affluence de monde ; nous attendions sous un porche, et on commençait à se grouper autour de nous. Enfin la voiture vint nous prendre. Un pèlerin d'Amiens, frère d'un zouave dont le nom s'est embelli d'une nouvelle noblesse par une héroïque mort au service de l'Église et de Pie IX, monta avec nous et voulut absolument payer la voiture, « en témoignage, disait-il, de sa reconnaissance envers MARIE, pour avoir fait éclater tant de puissance sous ses yeux. »

Nous étions en retard. Nous arrivâmes, les vêpres commencées. Nous eûmes le regret d'apprendre que Mgr l'évêque de Montauban venait de partir, après avoir attendu jusqu'au dernier moment avec le plus vif désir de voir Caroline. Ce digne prélat était arrivé le matin avec un clergé nombreux et près de sept cents de ses fidèles diocésains. Il avait dû repartir à trois heures.

C'est alors que commença l'office du soir pour les pèlerinages réunis d'Amiens, d'Aix et de Niort. L'instruction fut donnée par M. l'abbé Fallières, vicaire général d'Amiens, lequel, s'inspirant de la célèbre parole de Pierre l'Ermite : *Dieu le veut*, montra l'esprit de foi et d'amour qui a suscité la nouvelle croisade des pèlerinages contre les envahissements de l'impiété.

Après la Bénédiction du Saint-Sacrement. Caroline et Pauline se rendirent à la Grotte, où elles entrèrent et restèrent quelque temps à prier et à remercier la sainte Vierge, au milieu de nouveaux témoignages de sympathie et d'attendrissement. Je les accompagnai en voiture à Lourdes, édifié de plus en plus, pendant le trajet, par le récit qu'elles me faisaient de la maladie de Caroline et de sa guérison, et par les sentiments que toutes deux ne se lassaient pas d'exprimer, la compagne étant joyeuse, comme pour elle-même, de la guérison de son amie.

Nous étions tout entiers à notre conversation, lorsque, tout à coup, sans avertissement ni permission, un pèlerin qui cheminait et que nous venions de passer s'élance et saute dans notre voiture. C'était un prêtre du diocèse de Beauvais. Il avait reconnu Caroline. Il avait voulu la voir, lui demander sa signature, se recommander à ses prières. Il obtint ce qu'il désirait, et parut au comble de ses souhaits.

Les pèlerins d'Amiens partirent dans la soirée : c'étaient pour nous, pèlerins de Niort et diocésains de Poitiers, des frères qui s'éloignaient emportant nos adieux et nous laissant nos regrets.

Je veux consigner ici un acte touchant et profond de leur pèlerinage.

Dans l'après-midi de la veille, 2 juillet, lorsqu'ils furent venus en solennelle procession de Lourdes à la chapelle de Marie, après un beau discours du R. P. Durand, recteur de la Maison de Saint-Acheul, quelques messieurs, deux officiers et quatre ouvriers, à genoux à la sainte Table, un cierge à la main, consacrèrent à la Vierge Immaculée les Cercles catholiques d'ouvriers d'Amiens et le Salon des Œuvres catholiques d'Abbeville, également affecté au Patronage des ouvriers. Espérons qu'un jour viendra où les ouvriers comprendront qui les aime.

Malgré la diminution causée dans nos rangs par le départ d'Amiens, nous eûmes encore une très belle procession aux flambeaux pour terminer la seconde journée de notre pèlerinage. Elle fut précédée, comme celle de la veille, par une chaleureuse allocution du R. P. Sempé. Dans le parcours jusqu'à la place de Lourdes, les cantiques de supplications pour le salut de la France furent chantés avec la même énergie.

La place était encore remplie, comme le soir précédent, de mouvantes lumières qui en éclairaient toute l'étendue, et retentissait de chants qui portaient les plus douces émotions dans les âmes. Caroline était à une fenêtre avec quelques compagnes et Pauline. Un vénérable prêtre fait entendre de bonnes paroles bien accentuées. Caroline écoutait, et voilà que ses yeux se remplissent de larmes : le prêtre parlait de sa guérison.

Nous aurions voulu tous prolonger cette délicieuse soirée. Il nous faisait peine, à nous, pèlerins de Niort, d'arriver au lendemain où nous devions partir presque dès la première heure. En effet, il nous fallait être à la gare à sept heures. Nous ne pouvions donc, si matin et à cause des messes, nous y rendre en procession comme l'année dernière. Chacun prit ses dispositions en particulier.

XXI.

L'ACCIDENT.

J'avais retenu la veille un voiturier, et prévenu Caroline de se tenir prête pour quatre heures, puisque je devais dire la messe à cinq heures.

Le voiturier, engagé à peu près aux conditions qu'il voulait, fut exact. Mais voilà que Pauline était partie pour la Grotte, à l'intention de son amie, et elle n'était pas de retour. Nous partîmes cependant, avec la pensée de la recueillir en route, ce qui eut lieu, en effet, bien que nous ayons failli la manquer en passant. Aussi, une fois montée, dit-elle plusieurs fois : *Doux Cœur de* MARIE.

Nous allions rapidement ; le temps nous pressait. Mais voilà que, tandis que nous étions vers le milieu de la rampe escarpée qui mène à l'église en dominant la maison des Missionnaires, les chevaux s'arrêtent un moment, lâchent pied et se mettent à reculer. La voiture penche à droite et menace de verser sur la pente du coteau.

Plusieurs personnes se précipitent pour nous porter secours; l'une d'elles, un prêtre, tombe sur le chemin. Les deux jeunes filles effrayées ne cessent de répéter : *Doux Cœur de* Marie. Je m'efforce de les rassurer en leur disant que c'est le diable qui fait rage contre elles, mais qu'il ne peut rien, qu'il n'y a pas de mal à craindre, parce que Marie est avec nous. Je ne voyais pas la grandeur et l'imminence du danger comme les personnes qui étaient sur la route. Mais n'importe; si nous courions un grand risque, nous ne pouvions avoir aucun mal. Et cependant, encore un tour de roue en arrière, et nous étions renversés. Le voiturier vivement serre la mécanique. saute de la voiture et se jette à la tête de ses chevaux. Qui lui en donna le temps, qui lui donna assez de présence d'esprit et de sang-froid? L'habitude et son habileté, pensa-t-il peut-être. Mais pour nous, nous fîmes hommage à Marie de notre salut dans ce péril, et certainement nous l'en remercions encore.

Ce qu'il y eut de singulier dans ce risque d'accident, c'est que Caroline ne retrouva plus la croix et les trois grains suivants d'un chapelet monté en argent que lui avait donné un prêtre du pèlerinage de Carcassonne. « C'est le diable , dit-elle, qui m'a joué ce vilain tour, de dépit de n'avoir pu nous précipiter. »

XXII.

LE DÉPART.

Je célébrai la sainte messe sous l'impression de cette préservation, jointe à toutes les autres de nos deux bienheureuses journées. Caroline et Pauline communièrent, et beaucoup d'autres pèlerins avec elles. Des messes se disaient à tous les autels autour de nous. C'était, en ce lieu béni et glorifié, une dernière union de prières pour l'Église, pour Pie IX, pour la France, pour notre diocèse, et chaque prêtre pour la famille spirituelle dont il est chargé, chacun enfin pour ses intentions particulières.

Après la messe, nous passâmes chez les Pères Missionnaires, que Caroline remercia de leurs attentions pour elle, en se recommandant à leurs prières, ce que lui demanda pour lui-même le R. P. Supérieur.

Le voiturier, assez impatient, qui nous attendait là, comme c'était convenu, nous conduisit à la Grotte, où nous pûmes entrer, non sans avoir parlementé avec le gardien esclave de sa consigne. Caroline déposa sur le rocher un des deux oreillers qui avaient soutenu son pauvre corps dans le voyage de Niort à Lourdes ; elle remportait l'autre comme un instructif et précieux souvenir.

Oh! que l'on prie bien dans la Grotte, sous les yeux de l'*Apparition* et au moment du départ ! Caroline, et Pauline en communauté de sentiments avec elle, d'autres personnes soulagées, plusieurs revenues à la Religion, la plupart se sentant meilleurs et plus près de Dieu, tous enfin, délicieusement émus, ne pouvaient assez dire à la Vierge Immaculée combien ils l'aimaient, combien ils regrettaient de quitter son sanctuaire. Ce fut encore un AU REVOIR. Qui de nous, en effet, pèlerins niortais, pourrait manquer volontairement de retourner à Lourdes à l'anniversaire d'un tel pèlerinage ?

Nous avions espéré de revenir par Pau et de visiter son célèbre château royal. Mais les dispositions prises par la Compagnie du chemin de fer nous valurent la déception de rentrer dans nos foyers par le même chemin. Pauline, et Caroline avec elle, s'en réjouit, parce que la séparation ne se fit pas tout de suite, et que, au lieu de s'en retourner seule à Tarbes, elle put rester avec son amie pendant ce trajet. Toutes les deux ne craignirent pas d'attribuer cette satisfaction de leur amitié à une attention de la sainte Vierge, qu'elles remercièrent en disant plusieurs fois *Doux Cœur de Marie.*

Caroline, en arrivant à la gare, retrouva, avec une joie ressentie de part et d'autre, ses compagnes de l'Hospice et leur bon Aumônier, qu'elle n'avait pas vus toute la journée de la veille parce qu'ils étaient à Bétharram. Elle reçut encore leurs félicitations, de même qu'elle se vit entourée de monde comme à Lourdes. Il fallut le signal du départ pour la dégager. Elle monta en wagon seule, comme elle était descendue de voiture ; sa fidèle Pauline se plaça à côté d'elle. On avait voulu faire monter Caroline dans un compartiment de secondes, pour qu'elle voyageât plus commodément. « Non, non, dit-elle vivement, ma place est dans les troisièmes. » Pas besoin n'est de dire qu'elle ne se servit pas de l'oreiller qu'elle remportait.

Nous partons au chant de l'*Ave, maris Stella.* Nous nous entretenons à l'envi des grâces que nous avons reçues, des exemples que nous ont donnés ces beaux pèlerinages de Narbonne, de Carcassonne, de Brioude, d'Amiens, d'Aix, de Montauban, avec lesquels le nôtre s'était si heureusement rencontré. Quelles pures joies ne goûte-t-on pas au service de Marie ! Ne sommes-nous pas tous devenus en ce jour des frères à jamais unis dans son divin Cœur et dans le Cœur de son Fils ?

XXIII.

LA SÉPARATION.

Nous voici à Tarbes. C'est là que se fait la séparation entre les deux amies. Pour combien de temps ? Dieu le sait, et la sainte Vierge Marie.

Elles se donnent, à plusieurs reprises, le baiser d'adieu, et elles disent ensemble une dernière fois : *Doux Cœur de* MARIE, *soyez notre salut.* Pauline reste sur la voie jusqu'à ce que le train ait disparu. Rentrée à Tarbes, elle aura bien raconté les grandes choses dont elle venait d'être témoin ; elle n'aura rien omis, si ce n'est la part que DIEU lui a donné d'y prendre, en faisant tomber les obstacles qui retenaient Caroline à Niort. Le Seigneur se choisit de telles âmes, et nous ne pouvons que désirer leur ressembler.

XXIV.

LE VOYAGE.

En passant à Mont-de-Marsan, ce vendredi 4 juillet, heure de midi, nous fûmes acclamés par un train de voyageurs, qui nous jetèrent les cris de : « Vive le Poitou ! vive la Vendée ! » Merci à nos frères que nous ne connaissons pas. Que DIEU et MARIE le leur rendent, et nous accordent aux uns et aux autres de nous connaître là où l'on est réuni pour toujours.

Des paroles d'un autre sens furent proférées, à notre passage, dans deux ou trois gares, par des gens qui y stationnaient. Que DIEU, qui est riche en miséricorde, le leur rende aussi, en les éclairant, pour que nul d'entre eux, au jour où nous finissons sur cette terre, ne descende dans le lieu où l'on est séparé de Lui pour jamais.

Ah ! quand nous chantons ce refrain dicté par un humble et sincère repentir :

> La France fut coupable ;
> Mais elle est à genoux.

nos voix retentissantes ne frappent les airs que pour provoquer l'adhésion de tous les cœurs français.

Nous fûmes parfaitement accueillis à la gare de Morcenx, et notamment au buffet, où nous trouvâmes, à notre grande satisfaction, en ce jour de vendredi, un déjeuner maigre auquel nous fîmes honneur, de manière à consoler le traiteur de notre sobriété du mercredi matin. La même attention nous était réservée à Bordeaux.

Dans les gares où il y avait quelque temps d'arrêt, Caroline descendait sur la voie. M. l'Aumônier de l'Hospice, de qui elle avait reçu, en allant, tant de bons offices, n'avait plus maintenant à s'inquiéter pour elle. Les pèlerins se pressaient sur ses pas, ne pouvant se lasser de la voir ainsi se tenir et marcher.

A plusieurs stations, les employés se rappelèrent très bien l'avoir vue dans son triste état, et ils ne dissimulèrent pas leur admiration de sa guérison. Ainsi à Bordeaux, où elle n'eut besoin de personne pour passer du train du Midi dans celui d'Orléans, Caroline remerciait les employés qu'elle reconnaisait pour lui avoir rendu des services dans ses deux voyages à Barèges, et surtout dans son dernier passage. Elle les exhortait à bien aimer la sainte Vierge, et à recourir à elle dans leurs peines. Ils l'écoutaient avec une sorte de respect, ils étaient tout attendris et ne pouvaient s'empêcher de pleurer.

XXV.

LA RENCONTRE A ANGOULÊME.

Une touchante scène eut lieu à Angoulême. Je laisse parler la Supérieure des Filles de la Croix :

« Nous attendions avec impatience le retour des pèlerins pour voir si Caroline aurait ressenti l'effet des eaux de la piscine miraculeuse. J'étais sous la marquise, à l'arrivée du train. Je ne m'avançais pas encore, lorsque j'entendis prononcer mon nom. Je m'approche. — « Venez, me dit M. l'Aumônier de l'Hospice, venez voir Caroline. — Est-elle guérie? — Oui. — Marche-t-elle! — Oui. » Comment vous peindre ici mes impressions? C'est chose impossible. Mon cœur battait avec violence ; mes jambes fléchissaient. Cependant je cachais mon émotion. On me pressait, et je ne pouvais avancer. Une main charitable me prit par le bras pour me faire traverser les rails. Caroline marchait seule, entourée de tous côtés. Chacun s'approchait. M. l'Aumônier lui fait fendre la foule. Elle m'aperçoit, vient à moi, et se jette dans mes bras en me disant : « Petite mère, je suis guérie ! » A peine pouvais-je parler. Je ne pus proférer que ces mots : « Qu'elle est bonne, MARIE ! » — « Oui, elle m'a guérie, reprit Caroline, je n'ai fait que toucher l'eau, et j'ai senti que j'étais guérie. » — En face d'une pareille faveur, le cœur ressent et ne peut s'exprimer que par des larmes. Après l'avoir bien examinée, je lui dis : « Qu'allez-vous faire maintenant pour remercier la sainte Vierge ? Elle a fait beaucoup pour vous ; elle va vous demander beaucoup. » — « Je ferai tout ce qu'elle voudra. Je ne méritais pas d'être guérie, et je le suis par faveur. Oh ! oui, je ferai ce que MARIE voudra. » — Je me suis promenée avec elle environ dix minutes. Je l'ai quittée avec un regret senti. J'ai été témoin du concours qui se faisait autour d'elle. Chacun voulait la voir, lui parler, et la pauvre enfant avait la même parole pour tout le monde : « Oh ! ce n'est pas moi qu'il faut voir; c'est MARIE IMMACULÉE. Je ne méritais pas cette grâce ; j'en étais bien indigne. » — J'étais heureuse de l'entendre parler et de la voir agir ainsi avec ces sentiments d'humilité et de basse opinion d'elle-même. Nous nous sommes quittées en bénissant MARIE et en nous promettant union de prières. Le caractère de Caroline est vif, mais toujours tempéré par la foi et une grande piété. MARIE l'a récompensée de sa fidélité et de sa soumission. »

Je n'ai rien à ajouter pour faire sentir de quel poids est dans la cause ce témoignage d'une personne grave à tous égards, qui a connu Caroline jeune et bien portante, qui l'a vue de près et visitée souvent dans sa maladie à l'Hospice de Niort, qui l'a vue dans son pitoyable état à son passage à Angoulême, et qui la voit au retour guérie complètement.

Il était près d'une heure quand nous arrivâmes à Poitiers, où nous laissâmes plusieurs de nos frères et sœurs de pèlerinage.

XXVI.

L'ARRIVÉE A NIORT.

A trois heures quinze minutes, nous entrions en gare de Niort. C'était à peine le premier point du jour. Néanmoins une foule considérable nous attendait, si bien que notre procession se forma d'abord difficilement. « Où est-elle ? » demandait-on de toutes parts. On trouvait qu'elle tardait à venir. Ce n'était pas qu'elle eût eu besoin d'être aidée à descendre du wagon, d'être soutenue pour traverser la voie. Les employés s'étaient bien approchés d'elle, mais non plus pour la porter, comme au départ, trois jours auparavant. Instruits, comme tout le monde à Niort, de la merveilleuse guérison de Caroline, ils venaient s'en assurer. Elle les remercia de leurs bons offices en passant devant eux, et ils la regardaient marcher, n'en pouvant croire leurs yeux.

Enfin elle paraît dans la cour de la gare, et ce fut à l'instant, au milieu de cette foule qui la remplissait, un frémissement, un attendrissement général. Quelques-uns de ses parents, plusieurs amies la pressèrent dans leurs bras.

La procession cependant parvient à s'organiser. La bannière ouvre la marche. Nous chantons le *Magnificat*, dont le premier verset est continuellement répété après chacun des autres versets, comme souvenir de Lourdes et aussi comme expression d'une plus vive reconnaissance. La population nous fait cortège de chaque côté; mais elle se presse aux derniers rangs. « Venez, disait-on, le miracle est là. »

Caroline marchait entre M. l'Aumônier de l'Hospice et moi. Son émotion était grande de se voir ainsi, pauvre fille, l'objet de l'attention de tant de monde et comme un sujet d'ovation. Il y avait, du reste, toute la réserve désirable. L'attitude de la foule faisait bien juger qu'elle était sous une forte impression religieuse. On entendait quelques paroles prononcées à demi voix, telles que celles-ci : « Comme elle marche ! Quel grand miracle ! Doit-elle être contente de son voyage ! O bonne sainte Vierge MARIE ! » Et des larmes roulaient dans les yeux. « Dame, ma foi, disait dans la journée un conducteur d'omnibus, le nommé Bireau, qui avait tenu à se trouver là sur son passage, je n'ai pas pu m'empêcher de pleurer, quand je l'ai vue marcher comme ça, moi qui l'avais portée à ma voiture ces deux années passées, quand on l'envoyait à Barèges. »

C. ESSERTEAU.

3**

J'ai interrogé depuis ce brave homme, et je lui ai demandé en particulier s'il s'était aperçu de la maigreur des jambes. « Ah ! Monsieur le curé, m'a-t-il dit aussitôt, elles étaient pas plus grosses que ça. » Et il me montrait son poignet. — « Et que dites-vous de cette guérison ? » — « Dame, que c'est à n'y rien comprendre, et je le dirai comme ça à qui voudra. »

La marche de la procession fut un moment suspendue par l'arrivée des Sœurs de l'Hospice qui venaient, croix et acolytes en tête, avec M..l'abbé Bontemps, second aumônier de l'Hospice, au-devant de leur chère enfant. Incertaines, ou plutôt obéissant à l'incertitude d'autres personnes qui doutaient toujours, elles avaient envoyé pour s'assurer de la vérité. On leur disait tant que ce n'était pas possible, qu'elles s'abandonnaient trop à leur sentiment, qu'elles se préparaient une déception. Elles pouvaient répondre maintenant : « Nous la voyons ; c'est bien vrai. » — La Supérieure, en approchant, ouvrit ses bras dans un mouvement d'admiration, et elle eut peine, ainsi que ses Sœurs, à se contenir pour ne pas troubler l'ordre de la procession, qui reprit son cours.

Nous marchions lentement. L'émotion de Caroline augmentait à chaque pas. Tant de sentiments se pressaient dans son cœur ! Elle craignit plusieurs fois, me disait-elle depuis, de défaillir dans le chemin ; mais elle se confiait à Marie qui ne permettrait pas que son œuvre fût compromise, au moment d'en recueillir les fruits pour le bien des âmes et la gloire de la Religion.

Que ne devait-on pas dire, en effet, plus tard ? Par exemple, qu'elle était soutenue par des béquilles cachées sous ses vêtements. Or, il arriva, dans la marche, que son chapelet tomba. Elle se baissa tout simplement et le ramassa sans effort. N'était-ce pas une réponse anticipée, ménagée par la sainte Vierge MARIE ?

Quand nous arrivâmes à l'église, elle était déjà remplie par une assistance avide de recueillir de ma bouche au moins quelques premiers détails sur le grand événement de notre pèlerinage. Il ne me fut pas difficile de faire partager à mes auditeurs les sentiments dont mon cœur était plein. A chacune de mes paroles on pouvait dire : « C'est vrai. » — Tous le disaient par les regards de leurs yeux qui, pendant que je parlais, se tournaient sans cesse vers la jeune fille, qu'on avait vue marcher en procession, qui était là, se tenant bien assise, comme elle s'était tenue debout, écoutant aussi et bénissant Dieu du plus profond de son cœur.

Je dis la sainte messe en action de grâces. Caroline communia et toutes les Sœurs avec elle. C'est en Dieu et dans le sacrement d'amour que les âmes et les cœurs s'unissent et vivent et palpitent sous les mêmes impressions. Pauline manquait à cette union eucharistique.

La messe étant terminée, nous sortîmes de

l'église, au son de toutes les cloches, qui n'avaient pas annoncé notre entrée en gare, parce que l'heure en était trop matinale, et nous allâmes, toujours en procession, au milieu d'une foule croissante, jusqu'à l'Hospice, où Caroline eut à passer, non sans une vive émotion, entre deux longues files de ses compagnes et de diverses personnes de l'Établissement, qui avaient été témoins de son ancienne misère, et qui, la voyant ainsi rétablie, la regardaient avec une singulière expression de surprise et avec des larmes dans les yeux.

Nous entrâmes dans la chapelle, qui fut remplie en un instant. M. l'Aumônier me pria de parler. M'adressant à l'auditoire spécial que j'avais devant moi, je félicitai ces humbles personnes de l'Hospice plus ou moins souffrantes et infirmes, qui accueillaient avec tant de joie leur compagne guérie. Je rendis aussi un juste hommage à la charité des Sœurs et au zèle de MM. les Administrateurs, qui recevaient en ce jour une récompense de leur dévouement, de laquelle ils avaient droit d'être fiers parce qu'ils étaient capables d'en sentir toute le prix.

Ce n'était pas la première faveur accordée à l'Hospice de Niort dans cet ordre surnaturel. Mais celle-ci dépasse toutes les autres en éclat et en notoriété. D'ailleurs la constatation en est d'une facilité à contenter les plus sévères exigences, si elles se tiennent dans les limites de la logique et de la bonne foi, si elles ne viennent pas d'un parti pris ou d'idées préconçues.

C'est la conclusion qui ressort de toute cette Relation, mais qu'il importe et qu'il est de mon devoir de mettre dans son plus grand jour.

Quelques mots encore de récit, qui ne nuiront pas à la démonstration.

Après mon allocution, M. l'Aumônier entonna le *Magnificat*, que tout le monde chanta avec un accent à remuer tous les cœurs, et qui fut, pour le moment, la dernière expression publique de notre reconnaissance.

Caroline sortit de la chapelle avec la Supérieure. Elle consentit à prendre quelque chose, bien qu'elle n'en éprouvât pas le besoin, se devant, disait-elle, tout entière à Marie, trop heureuse d'employer son temps à la louer, à la remercier, à la bénir.

XXVII.

LES VISITES.

Or, on ne lui en a pas laissé la liberté. Elle a reçu d'abord les embrassements de ses parents, de sa tante, celle qui était allée la chercher si malade à Cholet quatre ans auparavant, qui l'avait eue chez elle, qui l'avait visitée tant de fois à l'Hospice dans le même état devenu plus grave, qui l'avait conduite à la gare à son départ en pèlerinage. Sa cousine, d'autres parents, ses plus intimes amies se sont empressés autour d'elle. Ça a été ensuite une affluence de visiteurs qui a continué tout ce jour et les jours suivants, pendant plusieurs semaines. On est venu de très loin ; on s'est détourné pour passer par Niort. On a voulu tenir d'elle-même le récit de sa merveilleuse guérison, dont la nouvelle universellement répandue a causé partout une si vive impression.

Caroline s'est prêtée à ces visites par esprit de foi et par sentiment de reconnaissance pour la très sainte Vierge. Elle ne s'est point lassée de répondre aux questions qui lui étaient faites, souvent les mêmes et plusieurs fois par les mêmes personnes. Mais elle n'a jamais manqué d'ajouter : « Je ne méritais pas cette grâce ; aidez-moi à remercier Marie, et priez pour moi. »

Elle s'est aussi fait un devoir, par religion et par reconnaissance pour Marie, de répondre elle-même, ou par une autre main, faute de temps, aux lettres qui lui ont été écrites par diverses personnes, comme il en a été adressé à la Supérieure de l'Hospice, à M. l'Aumônier et à moi. Ces lettres contiennent toutes des demandes de prières, qui seront exaucées, écrit-on, puisqu'elle a reçu une si grande faveur, puisqu'elle est une privilégiée de Marie.

La pauvre fille, en présence de ces lettres comme devant ceux qui la visitent, n'a vu et ne voit que des hommages rendus à la très sainte Vierge, et elle se résigne à ces pieuses obsessions pour la gloire de sa Mère bien-aimée.

C'est dans les mêmes dispositions qu'elle a fait plusieurs visites qui lui étaient demandées, et qu'elle a entendu les paroles de félicitation qui lui ont été adressées.

Son premier soin a été d'aller chez ses divers parents.

Un de ses oncles, qui demeure très loin de l'Hospice, la voyant arriver chez lui à pied, après l'avoir connue si infirme, fut saisi d'une vive émotion et ne put s'empêcher de s'écrier : « Moi qui ne croyais pas aux miracles, tant qu'à celui-ci, j'y crois. Si c'eût été au loin, je n'aurais pas pu y croire. Mais je te vois et je te touche ; alors je crois. »

Combien, hélas ! procèdent ainsi pour la Religion ! Si encore on croyait devant le fait !

Telles étaient du moins les impressions, tel le langage des voisins qui arrêtaient Caroline à chaque pas. Il lui fallut, pour les contenter, entrer chez les uns et les autres, et passer ainsi plusieurs heures.

On vit, quelques jours après, le fruit de ces visites : six de ses parents, qui étaient en dehors de la pratique religieuse, sont venus à la messe à l'Hospice sur son invitation, et ont reçu avec elle le Dieu de l'Eucharistie.

Caroline avait désiré sa guérison en particulier pour cet heureux retour, comme aussi en général pour la conversion des pécheurs.

Son cœur reconnaissant lui a fait porter ses pas

dans les lieux auxquels la rappelaient les souvenirs de ses premières années.

Elle est allée au Sacré-Cœur, où elle commença de connaître Notre-Seigneur et la très sainte Vierge, et où elle avait une parente parmi les Religieuses. Une élève de cette pieuse maison raconte ainsi la visite de Caroline :

« Depuis plusieurs jours, l'annonce d'un miracle opéré à Lourdes sur une personne de notre ville nous avait pénétrées de la reconnaissance la plus vive pour la très sainte Vierge. Un regret bien naturel venait cependant se mêler à notre joie. Il nous était pénible de rester étrangères à l'empressement que chacun mettait à venir féliciter l'heureuse miraculée Le 12 juillet, notre désir fut exaucé, et nous eûmes le bonheur de la posséder quelques instants au milieu de nous.

« A quatre heures de l'après-midi, nous étions toutes réunies dans l'un des plus vastes appartements de la maison. L'attente fut longue ou plutôt parut longue à nos cœurs, tant notre impatience était vive. A l'annonce de son arrivée, nous entonnons, dans l'élan d'un enthousiasme bien facile à comprendre, un cantique d'actions de grâces en l'honneur de la sainte Vierge, et ce fut au refrain de cet hymne de reconnaissance que la miraculée du 2 juillet fit son entrée au milieu de nous. Nous ne nous lassions pas de considérer cette jeune fille, il y a quelques jours encore aux portes du tombeau, et maintenant si confiante dans la vie nouvelle qu'elle a puisée aux sources de Massabielle.

« Sur l'invitation qu'on lui fit, Caroline commença le récit de son voyage et des moindres circonstances qui ont accompagné le miracle. Un silence profond régnait dans la salle. L'intérêt le plus vif se lisait dans tous les yeux. La joie, l'étonnement, l'enthousiasme s'y peignaient tour à tour. Mais ce qui nous captivait surtout, c'est l'admirable modestie qui accompagnait chaque parole de cette jeune fille, et le soin avec lequel elle évitait tout ce qui pouvait la glorifier dans un fait où sa foi et sa piété avaient cependant agi si puissamment sur le Cœur de MARIE.

« Son récit terminé, les questions se succédèrent de notre part et réclamèrent de nouveaux développements. Nos cœurs étaient sous l'impression d'un bonheur si vrai que nous avions peine à nous contenir. Aussi, pour donner un libre cours à nos sentiments, nous nous rendîmes au pied d'un autel de MARIE. La Reine du ciel n'a-t-elle pas toujours le secret de comprendre les joies aussi bien que celui de calmer les douleurs ? Caroline Esserteau traversa nos rangs d'un pas ferme et vint s'agenouiller devant le sanctuaire. Sa présence augmentait notre émotion ; et quand les préludes du *Magnificat* eurent excité nos voix, elles s'élevèrent vers MARIE avec un religieux enthousiasme.

« Quelques instants après, tout était rentré dans le silence. Mais cette journée avait laissé dans nos âmes des souvenirs ineffaçables. »

Cinquante lettres partaient le lendemain dans toutes les directions. Les enfants y racontaient à plaisir leurs douces impressions.

Caroline est allée voir les Filles de la Croix, qui l'avaient préparée à sa première communion ; les Petites-Sœurs des Pauvres, chez qui on la portait à la messe le dimanche. Elle est allée au Carmel, où les filles de sainte Thérèse ont levé leurs voiles en l'honneur de NOTRE-DAME DE LOURDES. Elle est allée aussi chez les Religieuses de l'Immaculée-Conception, chez les Sœurs du Saint-et-Immaculé-Cœur-de-MARIE : partout accueillie et interrogée avec le même pieux empressement, partout répondant avec simplicité, ne songeant qu'à procurer la gloire de MARIE.

Plusieurs personnes, retenues par leurs infirmités, l'ont demandée dans leurs maisons. Elle s'y est fait conduire autant qu'on a voulu, et que la Supérieure de l'Hospice l'a permis. Elle aurait préféré rester seule et tranquille; mais c'était pour MARIE et pour la Religion.

XXVIII.

LA NEUVAINE D'ACTIONS DE GRACES.

Elle a pu cependant se livrer à sa reconnaissance en prenant la part qui lui revenait dans la neuvaine publique que M. l'abbé Cotillon a fait célébrer à l'Hospice pour remercier la sainte Vierge de la merveilleuse guérison de Caroline Esserteau.

Tous les soirs, à partir du samedi cinq juillet, jour même de notre retour, les quarante Religieuses, une grande partie de la population de l'Hospice et beaucoup d'habitants de la ville se trouvaient réunis, à huit heures, autour de la charmante petite chapelle élevée dans un bosquet en l'honneur de Notre-Dame du Sacré-Cœur. Là, devant une statue de NOTRE-DAME DE LOURDES entourée de lumières, on chantait le *Magnificat*, et on récitait les Litanies.

Les deux dimanches de la neuvaine, la messe et les vêpres ont été chantées solennellement. Un trône splendide, orné de fleurs et de lumières, avait été dressé ; on y avait placé une belle statue, toute semblable à celle de la Grotte de l'Apparition. Le *Magnificat* a été entonné après la messe. Au salut, à la suite des vêpres, deux cantiques expressifs ont été chantés : l'un tout de suite, par les militaires, qui étaient tout heureux de s'associer à la joie commune ; l'autre, à la fin, par les Religieuses et les filles de l'Hospice.

Les instructions que M. l'abbé Cotillon a prononcées aux prônes de ces deux dimanches sont ainsi résumées par lui-même :

« Connaissant ce qui s'est passé dans les jours heureux de notre pèlerinage, vous comprenez, mes chers frères, pourquoi on a élevé dans cette chapelle un trône à NOTRE-DAME DE LOURDES. Nous devions, aussitôt après notre retour, bénir notre divine Mère de la grâce signalée qu'elle nous a faite. Nous devions la remercier d'avoir choisi notre pèlerinage, notre ville et notre Hospice pour y faire éclater sa toute-puissante bonté. Mes chers frères, vous partagez notre joie ; vous vous unirez à nous pour glorifier le Seigneur et publier les louanges de MARIE.

« Vous désirez quelques détails sur l'étonnante guérison de Caroline ; je m'empresse de vous satisfaire.

« Vous connaissiez son misérable état. Depuis quatre ans qu'elle était dans notre Hospice, où elle avait été admise comme incurable, vous l'avez vue souvent, et vous ne pouviez vous défendre d'un sentiment de pitié. Ses jambes étaient dépéries et dans une insensibilité complète, allant en tous sens quand elles n'étaient pas soutenues.

« Les premières atteintes de son mal remontaient à dix ou onze ans ; il avait continué ses tristes progrès et résisté à toute la science médicale. De plus, elle n'était pas remise d'une affection grave de la poitrine, dont elle souffrait depuis trois semaines. C'est là ce qui nous fit hésiter, tout d'abord, à l'emmener à Lourdes avec nous ; car nous craignions qu'elle ne pût tenir aux fatigues du voyage. Mais, mes frères, voyez ce que peut une volonté énergique, soutenue par la foi ; voyez ce qu'obtient la prière persévérante. Elle avait promis d'aller trois fois à Lourdes, espérant que la sainte Vierge aurait à la fin pitié d'elle. Bien des difficultés s'opposent à l'exécution de son pieux dessein. C'est le manque de ressources pour un voyage plus dispendieux pour elle que pour d'autres ; on vient à son secours. C'est son état d'infirmité qui fait qu'elle a besoin d'assistance à tout moment ; Dieu y a pourvu, en mettant un dévouement sans bornes dans le cœur d'une pieuse et fidèle amie. C'est une maladie récente, dont elle n'est pas guérie, et qui augmente encore sa faiblesse ; n'importe, il faut que le voyage se fasse, elle l'a promis, elle est inspirée de l'accomplir. Dans la route, elle éprouve plusieurs fois des douleurs atroces, des défaillances qui nous donnent les plus vives inquiétudes ; mais elle ira jusqu'au bout, dût-elle mourir dans le voyage.

« Tant de courage et de foi devaient être récompensés. Vous le voyez, mes frères, sa guérison est complète. Quelques secondes ont suffi. A peine a-t-elle touché l'eau miraculeuse, ses jambes deviennent fortes et solides, elle marche, elle est guérie.

« Je renonce à décrire l'émotion des nombreux pèlerins qui étaient à Lourdes, et les pieuses obsessions dont elle a été l'objet pendant les deux journées du pèlerinage. — Je ne puis rendre les impressions que je ressentis quand on vint m'annoncer la guérison de notre pauvre infirme, surtout quand je la vis marcher. Je ne pouvais en croire mes yeux. J'étais dans le ravissement, dans la jubilation. Je pensais à la joie de la pauvre enfant que la sainte Vierge venait de guérir. Je pensais au bonheur que vous deviez éprouver, mes chers frères, d'avoir pu contribuer à ce miracle en priant pour nous, comme je vous l'avais recommandé avant notre départ. Je pensais au bien que cette guérison devait produire parmi vous.

« J'étais heureux de ce que le bon Dieu avait bien voulu choisir de préférence une brebis de notre troupeau, ce qui nous montre qu'il a des desseins de miséricorde sur nous.

« Mais si cette guérison merveilleuse est un honneur pour nous, c'est un encouragement à la piété. Nous devrons donc, mes chers frères, la privilégiée de MARIE surtout, aimer le bon DIEU davantage, et le ser-

C. ESSERTEAU.   4

vir avec plus de zèle et de fidélité. Notre confiance en MARIE devra redoubler. Nous prierons aussi pour que cette guérison contribue à la conversion des pécheurs, à l'accroissement de la ferveur dans les justes, et par là même à la plus grande gloire de DIEU.

« Voilà la cinquième guérison extraordinaire dont notre Hospice est favorisé depuis quelques années. Ne cessons pas d'en bénir le Seigneur et sa divine Mère. Aimons à répéter : Gloire à DIEU, amour et reconnaissance à MARIE ! »

Le deuxième dimanche, dernier jour de la neuvaine, Caroline a récité, avec une émotion qui s'est communiquée à toute l'assistance, cette touchante prière d'actions de grâces à sa céleste Bienfaitrice :

« C'est avec des transports de joie et le cœur tout plein de la plus vive reconnaissance que je viens, ma bonne Mère, vous remercier publiquement de la grande faveur que vous m'avez accordée, en m'obtenant du bon DIEU une complète guérison. Soyez bénie mille fois, ô MARIE, d'avoir eu pitié de votre pauvre enfant, et d'avoir fait cesser sa longue et si pénible infirmité.

Je l'ai dit, je ne cesserai de le répéter :

« Merci, ma tendre Mère ; merci, NOTRE-DAME DE LOURDES : c'est vous qui m'avez guérie. Non, jamais je n'oublierai la grâce insigne que j'ai reçue de votre bonté. Toujours je bénirai, toujours j'aimerai ma douce et divine Bienfaitrice.

« J'ai dit encore, et je redirai sans cesse : je ne méritais pas cette faveur, j'en étais bien indigne. Mais avec votre protection, ô MARIE, je m'efforcerai de la mériter à l'avenir, par ma ferveur et ma fidélité, par mon zèle à propager votre culte.

. « Notre-Dame de Lourdes, continuez-moi votre assistance ; protégez-moi toujours. Protégez le bon Père et tous nos bienfaiteurs. Protégez la bonne Mère et toutes les chères Sœurs. Protégez mes parents, mes amis, les malades, les infirmes, qui ont si grand besoin de votre secours. Signalez votre bienveillance par de nouvelles faveurs, et montrez-vous toujours, dans cette Maison, le Refuge des pécheurs, la Consolation des affligés, l'Espérance des désespérés, et notre Mère à tous. Ainsi soit-il ! »

Caroline avait cessé de parler. Sa voix retentissait encore dans tous les cœurs. O Religion, que tu es grande et belle, que tu es douce et bonne ! De quelles délices, en cette vallée des larmes, tu remplis les âmes qui te sont fidèles, ô sainte Religion qui nous donnes en Jésus-Christ notre Dieu et notre frère, et la plus tendre des mères dans Marie la Mère de Jésus !...

La fête du soir, qui a terminé la journée du dimanche et la neuvaine d'actions de grâces, a été magnifique. Brillante illumination, grande affluence de fidèles, chants harmonieux, prières à haute voix. Vous avez été contente, ô Marie !

Mais non, ce n'était pas assez.

XXIX.

LA PROCESSION DE L'ASSOMPTION.

Au glorieux jour de l'Assomption, après l'instruction de M. l'abbé Bontemps, qui termina par de chaleureuses paroles sur la guérison de Caroline, la procession commémorative du Vœu de Louis XIII s'est faite avec la plus grande pompe dans les belles allées de l'Hospice. Plus de trois mille personnes étaient accourues des divers points de la ville. On savait que la privilégiée de MARIE devait y porter une superbe bannière faite pour elle.

Cette bannière, exécutée au moyen des dons de plusieurs dames de Niort et des environs par les Filles de la Croix, sous la direction de la Supérieure de l'Hospice, porte d'un côté l'image de la sainte Vierge dans l'attitude de son apparition à Bernadette, peinte par une demoiselle de Niort, ayant inscrites en haut les paroles par lesquelles MARIE se désigne enfin à l'humble enfant : JE SUIS L'IMMACULÉE CONCEPTION, et en bas : *Souvenir de reconnaissance à* N.-D. DE LOUDES, *2 juillet 1873.* L'autre côté de la bannière porte l'image du Cœur de JÉSUS, de ce Cœur sacré, source de toutes les grâces. En haut de cette image sainte sont brodées les paroles que Notre-Seigneur daigna dire à la bienheureuse Marguerite-Marie, lorsqu'il lui apparut à Paray-le-Monial : *Voici ce Cœur qui a tant aimé les hommes !* Et au bas cette invitation : *Aimé soit partout le Cœur de* Jésus !

Cette belle et riche bannière était de grande dimension. Caroline l'a bravement portée, malgré sa pesanteur. C'était émouvant de la voir. On entendait à tout moment dans cette foule des réflexions telles que celles-ci : « Dirait-on que cette personne était toute percluse, il y a six semaines, et qu'il a suffi d'un instant pour la mettre ainsi sur ses pieds ? — Comme elle doit être heureuse ! — Elle en a bien l'air. — Ce que c'est que la puissance de Marie !... »

Le dimanche suivant, troisième du mois d'adoration, Caroline a encore dignement porté sa bannière à la procession du Très-Saint-Sacrement, au milieu d'un grand nombre de fidèles qui étaient venus avec le même empressement pour juger de la guérison par leurs propres yeux.

XXX.

LES TÉMOIGNAGES.

Caroline était à Niort depuis le 5 juillet ; c'étaient six semaines qu'elle y avait passées. Ce terme devait suffire pour constater jusqu'à la dernière évidence que sa guérison était véritable, permanente, complète. C'est dans ce but qu'on lui avait conseillé de ne pas s'arrêter à Bordeaux, où une sœur l'attendait au retour de Lourdes, et de poursuivre avec le pèlerinage jusqu'à Niort.

C'était une sage résolution ; c'était une chose commandée. Autrement, quelle carrière n'eût pas été laissée aux doutes, aux dénégations, aux sarcasmes, à l'indifférence !

On devait bien dire et écrire, six semaines après son retour de Lourdes, que Caroline était alitée, paralysée, malade comme avant son départ.

Mais elle est venue jusqu'à Niort. Un grand nombre de personnes, accourues au-devant d'elle, l'ont vue marcher de la gare à Notre-Dame, de Notre-Dame à l'Hospice. Elle est restée six semaines à Niort. Quiconque l'a voulu a pu la voir. Plusieurs sans doute s'en sont abstenus par système : cela se rencontre toujours en pareille circonstance. Mais qu'importe? En réalité, elle a reçu de la ville, des lieux d'alentour et souvent de très loin, des visites sans nombre. On a pu interroger à loisir ses parents, ses connaissances, toutes les personnes qui l'ont vue, qui l'ont soignée et assistée dans sa maladie. En un mot, la preuve a été facile.

Car enfin, au nom du bon sens et de la bonne foi, qu'y avait-il à rechercher et à démontrer?

Que Caroline Esserteau, à son départ de Niort pour Lourdes, était atteinte d'une maladie réputée incurable ; qu'elle a été considérée comme telle jusqu'à son entrée dans la piscine ; qu'elle en est sortie, après quelques instants, avec tous les caractères d'une guérison complète ; qu'elle est revenue à Niort dans cet état de parfaite santé qui s'est maintenu pendant les six semaines qu'elle est restée à Niort, et qui se maintient de même au moment où j'écris, 3 novembre.

On a vu, au commencement de cette Relation, la lettre qui lui a été écrite en 1865, celle qu'elle adressa elle-même, en 1868, à son oncle et à sa tante, où elle parle de la maladie qui la fait souffrir depuis quatre ans, et dont elle fait une description justifiée par les déclarations de témoins oculaires de ce temps-là, et par les témoignages semblables de tant de personnes qui l'ont vue depuis qu'elle est revenue à Niort au mois de février 1869, par le témoignage particulier de ses parents, notamment de son oncle et de sa tante Berland et de sa cousine Berthe leur fille, qui l'ont eue chez eux dans les premiers mois de son retour à Niort, qui la visitaient fréquemment à l'Hospice, l'emmenant chez eux un jour de chaque mois, qui l'ont transportée à la gare au départ du pèlerinage, qui ont maintes fois vu ses jambes dans leur état d'amaigrissement, tandis qu'ils les lavaient, comme ils la voyaient elle-même dans son état général de souffrance et d'effrayante faiblesse.

M. l'Aumônier de l'Hospice l'a vue constamment pendant ces quatre années, comme il l'a vue à sa guérison et depuis.

Les Sœurs de l'Hospice sont là pour rendre témoignage de la paralysie, de l'inertie, de la maigreur de ses jambes, dont la peau ballante se repliait, se ramassait sous leurs doigts comme on ferait d'un vêtement, et se prenait souvent quand on lui laçait ses guêtres.

L'infirmière de l'Hospice, Marie Régnier, est là, une femme de quarante-huit ans, qui, tout aveugle qu'elle est, soigne les malades, comme on sait, à l'Hospice, avec tant d'intelligence, et qui ne pouvait se défendre de la plus pénible impression quand elle touchait « ces pauvres jambes ».

Le baigneur est là, le nommé Favriou, un homme de quarante-six ans, qui, en la portant pour ses douches, remarquait si bien l'état de ses jambes et de ses pieds, que, les voyant à son retour dans ⁻leur état normal, il n'en pouvait croire ses yeux, comme il me le disait avec l'expression même de sa stupéfaction.

J'ai donné le témoignage de l'ancienne Supérieure des Filles de la Croix à Niort, actuellement Supérieure à Angoulême, laquelle a fait les démarches pour l'admission de sa chère enfant à l'Hospice de Niort, qui l'y a visitée souvent, qui l'a vue aux passages à Angoulême d'aller et de retour du pèlerinage, si malade en allant, et si bien guérie en retournant.

J'ai parlé des hommes du chemin de fer qui la portaient au wagon, du conducteur d'omnibus qui l'avait conduite à la gare, lorsqu'elle allait à

Barèges, et qui, ce dernier comme les autres, la voyant si bien marcher au retour du pèlerinage, en étaient attendris jusqu'aux larmes.

Je dois relater ici avec soin, on va le comprendre, le témoignage d'une fille, âgée de quarante-deux ans, Victorine Cornuault, qui a été pendant trois mois à Bordeaux en 1860 avec Caroline, alors très bien portante ; qui l'a retrouvée, à sa grande surprise, en 1870, à l'Hospice de Niort, où elle était allée voir une autre infirme, Émilie Portejoie, et qui fut chargée de conduire cette infirme et Caroline à Barèges en 1871 ; qui assista en particulier celle-ci, lorsqu'elle prenait les douches, lorsqu'elle recevait la grosse dont la température est si élevée, sans en rien ressentir. L'électricité ne fut pas alors employée.

En 1872, cette fille ne partit pas avec les deux infirmes. Mais peu de jours après, elle se trouvait à Barèges, où elle donna encore des soins à Caroline. « Ses jambes, me disait-elle, semblaient ne tenir que par un brin de fil : c'était trop pénible à voir. Elles étaient très amaigries, surtout la droite. J'aidais M. l'Inspecteur pendant qu'il l'électrisait ; elle y était insensible. Elle a eu une terrible fluxion de poitrine, qui l'a mise à l'extrémité. Lorsqu'elle en a été refaite, elle a repris les douches sans résultat. Le médecin, M. Grimaud, a dit plusieurs fois devant moi, devant la malade et les Sœurs : « Tout est inutile ; il n'y a aucun « espoir de guérison. Je n'ai jamais trouvé dans

« une personne aussi jeune une myélite aussi
« avancée et une paralysie aussi complète. »

En cette année 1873, la même fille retourne à
Barèges, après avoir visité les deux infirmes à
l'Hospice et s'être efforcée de les consoler de ce
qu'elles ne pouvaient pas partir avec elle. Interrogée par M. le docteur Grimaud sur le compte
des deux infirmes, elle lui répond que le médecin
n'a pas jugé à propos de demander pour elles
l'indemnité du voyage. Sur quoi M. le docteur reprend : « Je les aurais vues avec peine revenir,
puisqu'il n'y avait pas d'amélioration. » Et, pour
Caroline, il ajoutait : « On a bien fait de ne pas
l'autoriser à revenir. C'eût été la faire souffrir en
pure perte, et même l'exposer à mourir. Il m'aurait été trop pénible de la revoir et de ne pouvoir
la soulager. C'est une pauvre fille qui s'en va. »

A son retour de Barèges, la bonne fille va voir
Caroline à l'Hospice, où elle la trouve de plus en
plus souffrante. Néanmoins, quelques jours plus
tard, lorsqu'elle entend parler de la dépêche
qui annonce sa guérison, elle y croit tout de suite.

Un médecin lui dit que cette guérison ne peut
être que l'effet de l'imagination frappée par une
forte émotion, qu'il y en a des exemples ; on lui
en lit même quelques-uns. « Oui, réplique-
t-elle, imagination. Dites plutôt, pouvoir de Dieu
et de la sainte Vierge. Imagination, le croira qui
voudra ; ce ne sera pas moi. »

Aussi était-elle, une des premières, arrivée à

la gare le samedi matin. Elle voit Caroline, et, ne pouvant parvenir jusqu'à elle pour l'embrasser, elle ne cesse de la regarder marcher. Elle aurait voulu un de ses regards. — « Eh! ma chère, répondit un peu plus tard Caroline à la plainte amicale qu'elle lui en faisait, je n'ai regardé personne, ni vous, ni d'autres. J'étais trop impressionnée de me voir ainsi en spectacle à tout le monde. » — La bonne fille voulut voir les jambes de Caroline, et elle en fut émerveillée.

L'autre infirme, Émilie Portejoie, que cette fille avait assistée à Barèges, femme de quarante-deux ans, qui est toujours dans son triste état, est aussi un témoin très important dans la cause. Elle a vécu à l'Hospice, percluse dans son fauteuil comme Caroline dans le sien, toutes deux se faisant l'une à l'autre société dans leur commune misère. Son témoignage concorde de tout point avec les autres. J'aime à dire que, restée dans son infirmité, elle est heureuse de la guérison de sa compagne ; elle était persuadée que la sainte Vierge ferait cette guérison. Elle-même sera récompensée de sa charité et de sa résignation.

Et Pauline Mercier est-elle un témoin digne de créance sur la maladie et sur la guérison de son amie et sœur? A moins qu'on ne prétende que son témoignage est infirmé par l'ardeur même de son amitié?...

XXXI.

LES EXPLICATIONS.

Mais les médecins, que disent-ils? Que pensaient-ils de la maladie? Comment s'expriment-ils sur la guérison? C'est, nous dit-on, le témoignage des médecins qu'il importe surtout de produire.

Sans doute; et néanmoins dois-je encore faire observer que les hommes de science, médecins ou autres, vont trop loin quand ils prétendent que le caractère surnaturel d'une guérison ne peut pas, ne doit pas être affirmé, s'il ne conste pas, par une déclaration authentique des médecins, que la maladie était médicalement incurable, et que la guérison est réelle.

C'est avec cette prétention très systématique qu'on arrive à nier le surnaturel de toute guérison, à nier même toute résurrection. Car on voudra toujours soutenir que la maladie n'a pas été ou a été mal étudiée, que ce n'était pas la mort, qu'il y avait encore de la vie.

Me sera-t-il permis de rapporter ici l'explication qu'un brave homme d'artisan me donnait un jour de la résurrection de Lazare? Rien de plus simple. « Quand on eut écarté la pierre du sépulcre, ce qu'il y avait de vitalité dans le corps de Lazare s'étant mis en communication avec la vie générale au milieu de laquelle nous sommes tous, Lazare, qui semblait mort, est revenu à la vie. » — Ce n'est pas plus difficile. Cet homme, qui m'avait déclaré qu'il était spirite, me parlait d'un air convaincu et avec l'aplomb d'une leçon apprise.

N'y a-t-il donc pas de mort que tout le monde puisse constater? N'y a-t-il pas des maladies et des infirmités dont toute personne raisonnable est capable de juger et de prononcer que la guérison est réelle, et que telle guérison, qui a lieu instantanément, sans aucun moyen naturel en rapport avec la maladie, ne peut être que surnaturelle?

Pour Caroline Esserteau, par exemple, est-il excessif de prononcer, sans avoir recours aux médecins, que les jambes étaient insensibles, inertes, amaigries, et qu'elles sont revenues à l'état normal au contact de l'eau de Lourdes, et de conclure qu'elles n'ont pas pu revenir ainsi instantanément au seul contact d'une eau ordinaire, sans une intervention surnaturelle?

Je racontais, le jour de notre arrivée, la guérison de Caroline à un honnête ouvrier, lequel, après m'avoir écouté très attentivement et avec un air de grand intérêt, laissa tomber de ses lèvres cette simple réflexion : « Ah! oui, elle a été guérie, parce que l'eau de Lourdes a rétabli la circulation du sang. »

Aimera-t-on mieux cette explication?

En voici une autre qu'une femme donnait avec

une certaine impatience : « Eh! mon Dieu, elle a guéri, parce qu'elle avait à guérir. »

Mais voici encore une explication : « Cette fille était certainement malade ; on ne peut pas dire qu'elle n'est pas guérie ; il faut que le diable soit de la partie. »

C'est ainsi que les Juifs reprochaient à Notre-Seigneur d'employer la puissance du démon pour délivrer les possédés. C'est ainsi que les païens attribuaient à la magie les prodiges qui s'opéraient dans la confession des martyrs.

On le voit, rien n'est nouveau sous le soleil, et l'homme se promène, sans en sortir, dans un même cercle d'erreurs.

Ah! franchement, après tout ce qui a été dit et établi dans cette Relation, qu'il est donc bien plus raisonnable de prononcer, comme nous le disions, sans recourir aux médecins, que la guérison instantanée de Caroline a été surnaturelle !

XXXII.

LES TÉMOIGNAGES DES MÉDECINS.

Ce n'est pas toutefois que les témoignages des médecins nous manquent.

Il est, en effet, de notoriété que Caroline a été admise à l'Hospice de Niort le 23 décembre 1869. Son billet d'entrée a été fait et *signé* par un médecin, *contresigné* par un administrateur ; et le cahier de visite porte écrit de la main du médecin: *Invasion de la maladie : six ans.*

Il est de notoriété que Caroline était à l'Hospice parmi les incurables. Le cahier de visite porte dans la colonne d'observations, au 11 février 1870, écrit de la main du docteur: *Passée aux incurables.* La délibération du Conseil d'administration qui l'y déclare admise est du 26 février. Elle est *signée* des cinq Administrateurs.

Il est de notoriété que Caroline a été envoyée deux ans de suite aux thermes de Barèges, gratuitement, sur le certificat du médecin.

Il est de notoriété que le résultat des eaux de Barèges sur Caroline a été jugé nul par le médecin de Niort comme par celui de Barèges, et que l'un et l'autre se sont accordés à déclarer que la malade ne devait plus songer à retourner une troisième année à Barèges ; que ce serait consumer pour elle en pure perte des fonds qui pourraient profiter à d'autres.

Il est de notoriété que l'état de Caroline était jugé, par son médecin, comme désespéré et sans remède.

Il est de notoriété que la dépêche qui annonçait la guérison complète et instantanée de Caroline a été accueillie par les médecins, comme par d'autres personnes, avec un air et des paroles qui exprimaient plus qu'un doute, disons l'incrédulité.

Il est de notoriété, ou, si l'on veut, il est certain pour moi, et pour d'autres qui en ont pu juger comme moi, que la vue de Caroline ainsi libre de ses jambes et ferme sur ses pieds a produit une forte impression sur les médecins. L'un d'eux lui a dit devant moi : « Vous êtes venue en voiture de la gare? » Il a regardé ses jambes et il lui a dit : « Vous faites bien de remercier Dieu. » Il disait ensuite : » C'est extraordinaire ! » — L'autre, le médecin en chef, n'a pas pu davantage commander à sa surprise, et il a dit de cet air vraiment bon qu'on lui connaît : « Ma chère enfant, vous avez eu une grande foi, et vous en êtes récompensée. » Il me disait plus tard : « Je voudrais que tous mes malades eussent autant de foi. » La jeune fille lui a dit avec empressement et confiance : « Vous me donnerez bien votre signature pour attester que vous me regardiez comme incurable et que vous me trouvez guérie? » — « Oh ! pas si vite, ma chère enfant. Laissez-moi examiner. Il faut voir un peu, il faut laisser passer quelques jours. » — Le docteur avait certainement raison dans ces termes et jusque-là. Et Caroline allait peut-être trop vite lorsqu'elle répliquait : « Si vous me refusez ce que je vous demande, la sainte Vierge vous punira. » A quoi le docteur : « Vous êtes une petite exaltée. » — Et Caroline : « Oh ! non, mais c'est pour que la sainte Vierge soit glorifiée. »

Il est encore de notoriété que la guérison de Caroline a été constatée à Lourdes même, quelques instants après sa sortie de la piscine, par

M. le docteur Cavayé, de Sigean (Aude), qui a fait subir à la jeune fille, en présence de nombreux témoins très acceptables, un long interrogatoire sur sa maladie, et qui, sur le témoignage conforme de M. l'Aumônier de l'Hospice et d'autres personnes, et particulièrement sur celui de la jeune Pauline Mercier, et aussi sur les pièces du docteur de Barèges disant qu'il s'accordait avec son confrère de Niort pour refuser à la malade un retour inutile à Barèges, n'a pas hésité à déclarer que cette guérison lui paraissait surnaturelle.

Il est de notoriété que tel a été le sentiment de M. le docteur Peyrusse, de Narbonne, qui a vu Caroline lorsqu'on la portait à la crypte presque dans un état de cadavre, et qui l'a vue, après qu'elle fut sortie de la piscine, pleine de vie et libre de ses mouvements.

Il est vrai que, quelques heures après sa guérison, elle a été gênée dans sa marche par de larges ampoules qui lui sont venues sous la plante des pieds. Or, que conclure de là, sinon que la sensibilité lui était parfaitement revenue ?

Il est vrai encore que, dans les premiers jours, ses jambes se sont trouvées enflées. Sur quoi on s'est récrié pour nier la réalité de la guérison, pour annoncer, avec une triomphante assurance, que la rechute était imminente. A tel point que les bonnes Religieuses, inquiètes elles-mêmes et déconcertées, craignaient de laisser voir Caroline.

« De grâce, a-t-on dit, pressez de votre index

ces pauvres jambes ; constatez ainsi l'œdème qui crève les yeux, l'eau qui distend la peau des membres, cette infiltration, symptôme fatal que, nous autres médecins, nous constatons chez tous nos malades qui reprennent à marcher après des mois forcés au repos ? Quoi ! ce sont là des muscles ? »

Je prie le lecteur de ne perdre aucune de ces paroles dites avec tant d'aplomb, et de s'en souvenir dans la suite de cette Relation.

Plusieurs, prenant ces paroles à la lettre, ont dit que « ces pauvres jambes » étaient toutes remplies de l'eau de Lourdes.

Mais, sans aller jusque-là, n'a-t-on pas exagéré ce qu'on appelle ici infiltration ? A-t-on expliqué comment Caroline a pu passer instantanément de l'état de maladie où elle a été vue incontestablement par un grand nombre de personnes et par ses propres médecins, à l'état de santé où l'ont vue les milliers de personnes qui étaient à Lourdes pendant deux jours consécutifs, et où elle se maintient à la vue de tant de personnes de Niort et de très loin qui l'ont visitée et qui la visitent tous les jours ?

Quand l'aveugle-né eut été guéri, on disait : « N'est-ce pas là cet homme qui était assis et qui mendiait ? » Quelques-uns disaient : « Oui, c'est lui. » — D'autres disaient : « Non, mais c'est quelqu'un qui lui ressemble. » — Et lui disait : « Mais c'est moi. »

Caroline a répondu de la même manière aux contradicteurs de sa guérison. Elle a affirmé qu'elle était guérie. Et à ceux qui lui disaient : « Mais non, vous n'êtes pas guérie, vos jambes sont tout infiltrées ; elles n'ont pas de muscles ; elles ne peuvent pas vous porter. » Caroline a répondu : « Mais si, elles me portent très bien. » Et elle l'a prouvé, comme un autre prouvait le mouvement.

Sans doute, après les deux jours qu'elle est restée à Lourdes, marchant beaucoup et se tenant souvent debout, après un jour et une nuit passés en wagon de troisième, elle a eu les jambes enflées. On les aurait eues à moins dans cet état. Elle n'a pas échappé aux conséquences naturelles de son long repos forcé. Aurait-on voulu un second prodige ? En quoi, franchement, cette enflure des jambes infirme-t-elle le prodige de ce changement instantané qui a fait passer Caroline de l'état où on l'a vue à celui où nous la voyons, et qui persiste depuis plus de quatre mois ?

Du reste, cette enflure n'a duré que quelques jours, au bout desquels ce « symptôme fatal » s'est évanoui.

S'il y a donc une affirmation légère et systématique, ce n'est pas assurément celle qui soutient qu'il y a des muscles dans ces jambes sur lesquelles cette jeune fille paraît si solidement appuyée, quand on la voit tous les jours marcher, presser le pas, monter et descendre, quand on la voit porter si bravement sa lourde bannière dans une longue procession.

Mais voici un témoignage de médecin. M. le docteur Barbaste, établi à Poitiers, a vu et examiné Caroline lors de son passage dans cette ville, quand elle allait à Bordeaux, et à son retour dans la seconde quinzaine de septembre, et il s'exprime ainsi :

« Aujourd'hui la pâleur est moindre ; le facies se colore de plus en plus ; le pouls est plein et fort. Les forces sont revenues avec l'appétit. Le maigreur a disparu ; il n'y a plus de traces de l'atrophie musculaire. Le ton est tout à fait revenu dans les muscles des deux jambes, où ils sont d'une dureté remarquable. »

Voici un autre témoignage de médecin.

M. le docteur Chevrier, médecin à Angoulême, a écrit à M. le docteur Grimaud la lettre suivante :

« Angoulême, le 10 septembre 1873.

« Monsieur et honoré confrère,

« Je viens de visiter une de vos anciennes malades, Mlle Caroline Esserteau. Elle est complètement guérie depuis son voyage à Lourdes. — Personne ne peut mettre en doute le magnifique développement du corps et des membres. Il ne reste donc qu'à établir d'une manière indiscutable l'existence de la myélite chronique avec atrophie des membres inférieurs, et s'il y a eu quelque autre complication, telle que la déviation des pieds, *varus equin*, etc., ne pas oublier de l'établir par un certificat signé par un homme de science comme vous, en ayant soin de faire légaliser la signature par les maires.

« Il serait utile de confier à la presse le soin de faire connaître que des hommes de science ont constaté les miracles signalés par les écrits religieux.

« Recevez, Monsieur et honoré confrère, etc.

« CHEVRIER , *d.-m.* »

Voici encore un témoignage de médecin. Il consiste dans une lettre et une attestation qui paraîtront sans doute fort bien résumer toute la question.

C'est M. le chirurgien-major du dixième régiment de cuirassiers, actuellement en garnison à Angers, auparavant à Saint-Maixent, et précédemment à Niort même, et qui a écrit à la Supérieure de l'Hospice :

« Saint-Maixent, 27 septembre 1873.

« Madame la Supérieure,

« J'ai l'honneur de vous envoyer l'attestation promise lors de l'examen de votre ancienne malade, le 25 septembre dernier. Je ne vois aucune difficulté à cela, cette guérison insigne me paraissant un effet de cette foi qui peut transporter des montagnes.

« Recevez, Madame, l'expression de mes sentiments les plus respectueux.

« Dr VIZERIE. »

« Je déclare avoir visité en avril 1871 Mlle Esserteau, qui m'était présentée comme atteinte d'une affection chronique de la moelle épinière. Cette malade, alors aux incurables, frappée d'akinésie manifeste des membres inférieurs, se soutenait à peine à l'aide de béquilles. Visitée de nouveau le 25 septembre 1873, je l'ai trouvée complètement guérie, marchant et courant, ses membres ayant repris leur volume normal, comme si elle n'eût jamais été malade.

VIZERIE, *d.-m. p.* »

Voilà sans doute qui est net et précis : réalité et nature de la maladie, réalité et caractère même de la guérison, tout y est. Comme j'en voulais remercier M. Vizerie, l'honorable docteur m'a simplement répondu : « Mais pourquoi ? Je n'ai fait que remplir un devoir de conscience et d'honnêteté. » — Je le remercie néanmoins, et d'autant plus qu'il a le malheur d'être protestant ; je le remercie au nom de la vérité et de la Religion, et je ne puis m'empêcher de rappeler ici la parole de Notre-Seigneur : « Celui qui m'aura rendu gloire devant les hommes, je le glorifierai, aussi moi, devant mon Père qui est dans les cieux. »

Voici maintenant le témoignage de M. le docteur Grimaud lui-même, qui, à son retour de Barèges à Paris, s'est détourné sur Niort, et m'a ensuite envoyé la pièce suivante :

« Paris, 28 octobre 1873.

« Examen de Caroline Esserteau trois mois après sa guérison :

« Caroline avait été guérie instantanément après une simple immersion (des jambes seulement, comme on a vu) dans la piscine de la Grotte de Lourdes. Instruit immédiatement de la guérison par elle-même (par dépêche télégraphique), et plus tard aussi de la durée de cette guérison, j'ai voulu voir de mes yeux et examiner celle qui avait été l'occasion d'un si extraordinaire événement.

« Voici ce que j'ai pu constater le 10 octobre :

« Caroline jouit d'une santé parfaite. Le mouvement a reparu dans toute sa plénitude dès le premier moment, au point que, dès les premiers jours, elle a pu faire à pied de longues marches. Les muscles des membres inférieurs, jadis atrophiés, ont maintenant un relief qui répond à l'exercice fréquent auquel ils sont soumis. Nulle trace d'œdème dans le tissu cellulaire sous-cutané.

« Aux membres supérieurs, pareille régénération de la fibre musculaire ; les mains, qui, au dire de la malade, ne pouvaient plus, dans les derniers temps, tenir un objet tant soit peu pesant, ont récupéré une force telle que Caroline, pour m'en donner une preuve frappante, voulut porter de l'hôtel (de France) au chemin de fer, distance assez considérable (sept cents mètres environ), un très pesant sac de nuit dont j'étais chargé.

« Les muscles des gouttières dorsales, naguère presque impuissants à redresser le tronc, et siège de vives douleurs, sont dans un état normal de fonctionnement. La station verticale est longtemps supportée. La sensibilité à la pression dans la région dorso-lombaire a disparu. La peau a récupéré la sensibilité la plus exquise.

« Toutes les fonctions de la vie nutritive sont main-

tenant parfaitement régulières. La vue, qui avait longtemps offert des troubles, est aussi nette que possible.

« Interrogée par moi sur les sensations éprouvées par
elle au moment de cette prodigieuse guérison, Caroline
m'a répondu que le contact de l'eau avait immédiatement éveillé en elle une sensation de froid, et qu'à l'instant même elle avait senti dans tous les muscles une
vigueur aussi complète que celle qu'elle possède maintenant.

« Docteur GRIMAUD,

« Inspecteur des Thermes de Baréges. »

Le guérison de Caroline est donc certaine, complète, comme elle a été instantanée, sans aucun
recours à un moyen naturel reconnu capable de la
produire. D'autre part, la maladie était certaine
aussi et réputée incurable.

<h2 style="text-align:center">XXXIII.</h2>

<h3 style="text-align:center">QUELLE ÉTAIT LA MALADIE?</h3>

Mais quelle était cette maladie ? On a, depuis la
guérison, affirmé que c'était une paralysie hystérique.

C'est là, comme on sait, un thème ou un système
de réponse qui est fort en usage dans le monde
médical, et qui a pour but d'expliquer naturellement par ces phénomènes dits hystériques et de
maintenir ainsi dans l'ordre purement naturel des

faits de guérison et des états de personnes que non seulement la foi populaire attribue, mais que l'enseignement de l'Église assigne à l'ordre surnaturel.

Ainsi, pour ne citer qu'un exemple, la science médicale se donne le droit et a la prétention d'expliquer les extases de sainte Thérèse par l'hystérie. A ce compte-là, il faudrait rayer de l'histoire de la Religion tous les faits qui se classent sous les noms de stigmates, d'extases, de transports, de ravissements. Saint Jean de la Croix, saint Pierre d'Alcantara et tant d'autres serviteurs de Dieu étaient-ils des hystériques ?

Inutile d'appeler certains hommes sur ce terrain. Les catholiques savent que la théologie mystique donne les règles sur la matière.

Si on prétend ou si on se persuade que la paralysie de Caroline était hystérique, c'est donc pour conclure que sa guérison a été ou du moins a pu être purement naturelle.

On cite, en effet, des cas de guérisons instantanées de ces paralysies, à la suite de vives commotions morales. Une mère, par exemple, voit son enfant qui se noie ; elle en est si fortement émue qu'elle se trouve délivrée de sa paralysie. Une fille en proie, dit-on, à un cauchemar terrible et affolée de terreur, recouvre aussitôt l'usage de son bras. On remonte au fils de Crésus, qui était muet, et qui, voyant une épée levée sur la tête du roi, s'écrie tout à coup : « Soldat, ne tue pas Crésus. »

C. ESSERTEAU. 4**

Admettons que ces faits aient toute la vérité qu'on leur attribue pour prouver des guérisons réelles et permanentes : de bonne foi, qu'on dise quelle commotion a frappé Caroline lorsqu'elle était portée tout épuisée à la piscine de Lourdes.

Mais voici. C'est à sa grande confiance, à la foi vive qu'elle en avait, qu'elle doit sa guérison. A la bonne heure. Là-dessus, M. le docteur Grimaud m'écrivait : « Je suis heureux d'apprendre que nous sommes en communauté d'idées. Mon confrère croit que c'est une grande foi qui a guéri soudainement Caroline : je n'ai jamais pensé autrement. C'est bien la foi dont parle Notre-Seigneur : Tout ce que vous demanderez par la prière, croyez que vous l'obtiendrez, et il vous sera accordé. »

Ainsi s'exprime M. le docteur Grimaud. Nous avons vu que le chirurgien-major, M. le docteur Vizerie, regarde, lui aussi, la guérison de Caroline comme le « résultat d'une foi à transporter les montagnes ».

C'est, en effet, ainsi que Notre-Seigneur l'a dit, c'est ce sentiment, cette disposition de foi, qui attire sur nous les miséricordes divines, bien que le Dieu de toute bonté ne l'attende pas toujours pour nous accorder ses bienfaits.

On ne peut donc rien alléguer dans le cas de Caroline, qui autorise en fait à expliquer naturellement sa guérison instantanée, même en supposant qu'elle était hystérique.

« Soit, dira-t-on ; mais, nous autres médecins, nous sommes en droit de refuser le caractère surnaturel à ces guérisons d'hystériques chez lesquels il n'y a que suspension de mouvement et de sensibilité, sans lésion des organes. Ce serait autre chose, si la paralysie provenait de myélite. Ces paralysies sont incurables. »

D'abord est-il prouvé que les paralysies hystériques prolongées, chroniques, ne produisent pas de lésions organiques?

M. le docteur Grimaud dit : « Même dans les paralysies hystériques, on trouve des lésions dans la moelle, et on en trouvera de plus en plus à mesure que l'anatomie pathologique fera des progrès plus assurés. »

On ne serait donc pas fondé à nier le surnaturel d'une guérison subite de paralysie, par cela seul que la paralysie serait hystérique, puisque, si elle est chronique, comme c'est ici le cas, il y a lésion organique, ce qui rend, on l'avoue, la guérison subite naturellement impossible.

Et ces jambes d'une excessive maigreur, couvertes d'une peau livide et ballante, qui, au premier contact de l'eau, reviennent à leur état normal, peau fraîche et vermeille, chairs pleines et fermes, muscles vigoureux? Un tel changement opéré dans une seconde aura été l'effet d'une commotion morale, l'effet de l'imagination? Ah! il fallait voir l'air de pitié et d'impatience que prenait le visage de M. le docteur Vizerie, lorsqu'on lui rapportait cette explication de la guérison de Caroline.

Mais je reviens à la nature de la maladie, et je crois pouvoir soutenir que ce n'était pas une paralysie hystérique. Ce qu'il est à propos de noter, c'est que, pendant les quatre ans que Caroline a passés à l'Hospice, les Sœurs, qui étaient toujours avec elle, ne l'ont pas vue une seule fois dans les crises nerveuses qui sont le propre de cet état.

Caroline était atteinte de myélite. J'en trouve l'attestation sur le cahier même de visite de l'Hospice, qui porte expressément au diagnostic : *Myélite*.

J'en trouve encore l'attestation dans la déclaration que j'ai donnée plus haut de M. le docteur Vizerie, qui dit expressément : « Je déclare avoir visité, en avril 1871, Mlle Esserteau, qui m'était présentée (par le médecin en chef de l'Hospice) comme atteinte d'une affection chronique de la moelle épinière. »

J'en trouve encore l'attestation dans le certificat de M. le docteur Grimaud, que j'ai déjà donné, mais que je dois répéter ici :

« Je, soussigné, docteur en médecine de la Faculté de Paris, inspecteur de l'établissement thermal de Barèges, certifie que Mlle Caroline Esserteau, arrivée à Barèges à la fin de mai 1872, a suivi un long traitement pour une myélite chronique dont elle est atteinte, et qu'en raison de la gravité du cas, il serait urgent qu'elle pût revenir chaque année à nos thermes, afin d'améliorer l'état de paralysie où elle se trouve.

« Dr Grimaud.

« Fait à Barèges, 17 juillet 1872. »

Ce certificat est, comme on voit, antérieur à la guérison.

Voici maintenant l'attestation développée qu'a bien voulu m'envoyer le même docteur :

« Je, soussigné, docteur en médecine de la Faculté de Paris, inspecteur de l'établissement thermal de Barèges, certifie que la nommée Caroline Esserteau, âgée de trente-deux ans, habitant Niort, a fait en 1872 un séjour de près de deux mois à l'Hospice Sainte-Eugénie de Barèges sous ma direction. Cette jeune fille était atteinte d'une myélite ascendante à marche progressive, dont l'issue paraissait devoir être fatale. Atteinte depuis dix ans, sans cause connue, de douleurs qui s'irradiaient le long de la moelle, elle avait vu peu à peu les membres inférieurs se paralyser du mouvement et aussi de la sensibilité, à ce point qu'une énorme aiguille avait pu rester quinze jours enfoncée dans les chairs sans être ressentie.

« Un traitement hydrothérapique fait à Niort avait été sans résultat.

« Une première saison à Barèges en 1871 avait paru amener une très légère amélioration, bientôt suivie d'une rechute complète.

« A l'arrivée de la malade à Barèges, lors de la seconde saison, à la fin de mai 1872, je trouve Caroline dans l'état suivant :

« La paralysie des membres inférieurs est presque complète. La malade ne peut faire quelques pas que si elle est puissamment soutenue. Elle ne sent ni la résistance du sol, ni le contact de ses jambes quand elles se touchent. Ses deux pieds sont, par la contraction per-

4***

manente des fléchisseurs, dans un varus équin qui ne permet de toucher le sol que par l'extrémité antérieure des orteils.

« La sensibilité électrique est presque nulle. La sensibilité au toucher, comme celle de la température, n'existe qu'à certains endroits.

« Il y a des douleurs constantes le long du rachis, augmentées par la pression sur les apophyses épineuses lombaires, avec constriction autour de la taille, gêne de la respiration.

« Depuis quelques années, les membres supérieurs aussi sont envahis par des fourmillements, la sensibilité et le mouvement y ont subi une diminution notable.

« Les viscères abdominaux, à commencer par l'estomac, siège d'une dyspepsie constante, se ressentent tous de l'atteinte portée par la maladie à l'influx nerveux.

« Le traitement de Barèges a été suivi avec prudence et graduellement pendant six semaines, sans amener aucun résultat.

« Désespéré de l'insuccès de ces eaux, pourtant si efficaces dans un grand nombre de cas pareils, j'emploie la machine à induction de Gaiffe. L'électricité cutanée est à peine ressentie sur quelques points; la contractilité musculaire ne peut être réveillée. Il est évident pour moi que la myélite ne cédera pas aux moyens thérapeutiques les mieux appropriés à cet état, et, convaincu que la maladie est incurable, je donne, quoiqu'il m'en coûte, à Caroline Esserteau, le conseil de ne plus revenir à Barèges.

« Telles sont les notes que je trouve sur l'état de santé de la malade, lorsqu'elle fut confiée à mes soins en juin et juillet 1872.

« En foi de quoi j'ai délivré le présent certificat, pour servir ce que de besoin.

« Fait à Barèges, le 16 juillet 1873.

« Dr GRIMAUD,

« *Inspecteur des eaux thermales de Barèges.* »

On reconnaîtra sans doute que ce certificat est tout à la fois aussi précis et aussi développé qu'on pouvait le désirer.

Je crois utile de faire remarquer que cette pièce, qui est datée du 16 juillet 1873, est un relevé de notes prises lors du séjour de la malade à Barèges en 1872, et par conséquent antérieurement à la guérison.

En m'envoyant ce certificat, M. le docteur Grimaud m'a écrit la lettre suivante :

« Monsieur le Curé,

« Veuillez me pardonner si je n'ai pas immédiatement répondu à la lettre pleine de faits si intéressants que vous avez bien voulu m'adresser. Je vous dois et vous fournis l'explication de ce retard.

« La veille du jour de votre bienveillante communication, préoccupé du fait extraordinaire qui s'était produit à Lourdes, et désireux de savoir par mon confrère de Niort qu'elle avait été la situation de Caroline Esserteau depuis l'an dernier, j'avais écrit à mon collègue, avec prière de m'adresser immédiatement quelques détails sur ce qui s'était passé. Ces détails, je les attends encore...

« Je me réfère donc entièrement à l'histoire saisissante que vous avez bien voulu me donner de cette guérison vraiment miraculeuse.

« La très intéressante malade dont il s'agit avait été placée dans mon service à l'hospice de Barèges, l'an dernier. Elle y venait pour la seconde fois, et sa situation paraissait désespérée : la myélite dont elle était atteinte suivait une marche progressivement ascendante. Après un séjour de près de deux mois à l'Hospice, Caroline partait exactement dans le même état ; et cependant le traitement avait été long, et l'électricité graduée ajoutée au traitement.

« En présence de la guérison subite que vous relatez et dont l'explication par les ressources de la nature instantanément déployées ne pourrait être que puérile, je n'hésite pas, Monsieur le Curé, à vous envoyer l'attestation demandée relative à l'état où j'ai trouvé Caroline en juin 1872.

« Je vous serais reconnaissant de vouloir bien me faire savoir, à défaut du témoignage de mon confrère, si l'état de Caroline avait subi quelque changement depuis l'an dernier.

« Veuillez, Monsieur le Curé, recevoir mes respectueuses salutations. Dr GRIMAUD,

« *Inspecteur des Thermes de Barèges.* »

Pour satisfaire à la demande de renseignements de M. le docteur Grimaud, je n'ai eu qu'à lui transmettre des détails bien connus et parfaitement authentiques, constatant l'aggravation progressive de la maladie de Caroline jusqu'au moment de son départ pour Lourdes.

On a pu remarquer comme M. le docteur Chevrier trouve dans les pièces précédentes la réponse aux questions qu'il adressait à M. le docteur Grimaud.

Ce dernier a écrit en même temps à Caroline la lettre suivante :

« Mademoiselle,

« Si je suis l'un des derniers à vous féliciter de votre miraculeuse guérison, je n'ai pas besoin de vous dire que j'ai été l'un des premiers heureux de l apprendre. La triste situation où je vous avais laissée l'an dernier, et qui ne pouvait guère s'améliorer par les moyens purement humains, me revenait souvent à la pensée, et ma joie a été grande, lorsque votre télégramme reconnaissant m'a initié à la grande nouvelle de votre résurrection. Car vous êtes vraiment une ressuscitée. Et de plus, vous êtes une élue : car Dieu ne fait pas de pareils miracles pour les cœurs indifférents. Veuillez donc ne pas oublier dans vos prières celui qui a fait des efforts infructueux, il est vrai, mais dévoués pour vous arracher à la marche envahissante de la maladie.

« Ma femme et ma fille, heureuses comme moi et comme tous ceux qui vous ont connue, me chargent de les rappeler à votre souvenir.

« Croyez, Mademoiselle, à tous mes affectueux sentiments.

« A. GRIMAUD. »

Je ne pense pas que le caractère si touchant et si chrétien de cette lettre ôte rien à la valeur du certificat de M. l'inspecteur de Barèges. Si je fais cette réflexion, c'est que quelques passages de cette lettre étant venus à la connaissance du public, il s'est trouvé un docteur, — anonyme, il est vrai, — pour dire, publiquement aussi, que c'étaient des paroles, des phrases purement de politesse et de sympathie, par lesquelles on avait voulu laisser à la jeune fille sa conviction et la joie qu'elle y puisait.

Le même a dit encore *a priori* que le témoignage de M. le docteur Grimaud était gratuitement invoqué à l'appui d'une interprétation mystique de la guérison de Caroline, parce que ce docteur n'avait pu se méprendre sur la nature de la maladie, qui était vraiment une paraplégie hystérique.

« Oui, dit cet anonyme, Caroline est atteinte d'hystérie au premier chef »; et, après avoir énuméré les principaux caractères de cette cruelle affection qui se seraient trouvés dans le sujet, il conclut que « c'est bien là un type complet d'hystérie, et qu'il y a toute présomption pour que cette paralysie soit d'ordre hystérique ».

« La présomption, continue-t-il, prend le caractère de la certitude quand on voit que cette paralysie ne présente pas les traits essentiels de la paralysie par myélite chronique : pas de fièvre, en effet, au début ni d'autres phénomènes d'excitation; pas de douleurs fulgurantes, pas de ces contractions fibrillaires dans les membres paralysés, pas de ces crampes, de ces raideurs paroxystiques, qui annoncent qu'il existe dans les centres médullaires un foyer d'irritation mal éteint. Non, tout était silencieux dans les extrémités flasques et flétries de la malade ; la paralysie n'était pas bornée à quelques groupes de muscles ; elle les atteignait tous, et était complète pour chacun d'eux, et elle n'avait aucune tendance à se propager de bas en haut. C'est bien là, à n'en pas douter, la paralysie hystérique. »

Cette conclusion est légitime sans doute, si les assertions qui la précèdent sont fondées.

Le certificat de M. le docteur Grimaud, que j'ai donné ci-dessus, me paraît suffisant pour infirmer les assertions et les conclusions du docteur anonyme, qui y sont contredites formellement, par exemple, l'assertion que la paralysie « n'avait aucune tendance à se propager de bas en haut ».

Mais voici mieux. Le même docteur, tout à son idée, se persuadant que M. le docteur Grimaud était de son avis ou s'y rangerait, lui a écrit pour lui soumettre ses appréciations.

Sa démarche a déterminé M. l'Inspecteur des thermes de Barèges à m'écrire la lettre suivante :

« Monsieur le Curé,

« J'ai reçu une lettre du docteur *** qui, en me soumettant son appréciation sur la nature de la maladie de Caroline, insistait fortement sur l'origine hystérique du mal.

« Aujourd'hui même, j'ai adressé à mon confrère mon jugement motivé sur ce cas si extraordinaire ; et, si vous le permettez, je vais reproduire pour vous les principaux arguments sur lesquels je m'appuie :

« 1° La paralysie de Caroline n'était pas une paraplégie (paralysie des extrémités inférieures seulement), puisque les membres supérieurs étaient déjà fortement atteints l'an dernier, et n'ont fait que se paralyser davantage encore.

« 2° L'absence de caractère hystérique se tire pour moi surtout de l'emploi de l'électricité, moyen jusqu'alors inappliqué chez Caroline, et qui donne des résultats inverses dans les deux affections, mettant en jeu la contractilité des muscles dans l'hystérie, et au contraire ne réveillant presque aucun mouvement dans la myélite, puisque la source d'où émanent les nerfs (le cordon médullaire) est altérée.

« En troisième lieu, la contracture permanente qui avait donné à la malade un pied-bot pathologique est toujours *un indice d'une vive irritation spinale.* Cela est vrai, même pour les contractures chez les hystériques.

« Enfin, même dans les paralysies hystériques, on trouve des lésions dans la moelle ; et on en trouvera de plus en plus, à mesure que l'anatomie pathologique fera des progrès plus assurés.

« En résumé, cette paralysie envahissante de bas en haut avec insensibilité électro-musculaire et électro-cutanée, contracture permanente des muscles des pieds, durant depuis dix ou douze ans, et s'aggravant de plus en plus, n'était point capable de guérir spontanément ni soudainement par l'effet brusque d'une vive émotion morale. Le cas était trop invétéré et les lésions trop graves. Il est vrai que c'est justement sur cette soudaineté de la guérison que s'appuie mon confrère pour

dénier à la maladie tout caractère de lésion chronique.
Mais ma conviction s'appuie sur des preuves sérieuses
que moi seul, à ce qu'il paraît, ai reconnues.

« Quant à l'explication de la guérison, elle n'est pas
du domaine de l'observation médicale : c'est ma conviction profonde.

« Veuillez, Monsieur le Curé, recevoir, etc.

« Dr GRIMAUD,

« *Inspecteur des Thermes de Barèges.*

« Barèges, 31 juillet 1873. »

Ce témoignage me paraît et paraîtra sans doute
à d'autres assez explicite et assez motivé, si on
le considère en lui-même, et, d'autre part, assez
autorisé, si on considère celui qui le donne, sa qualité, sa position, les soins particuliers qu'il a pris
de la malade, pour le suivre de préférence au
sentiment du docteur anonyme.

Ce qui donne plus de poids, ce qui donne une
importance toute particulière au témoignage de
M. Grimaud, c'est que ce docteur éminent, qui
regardait, ainsi que son confrère de Niort, la maladie comme incurable, a pourtant, comme par
une disposition providentielle, étudié la maladie
avec la plus grande attention.

C'est ainsi qu'il s'en exprimait dans une conversation à Barèges avec plusieurs personnes. « Je ne
me doutais pas, ajoutait-il, que les notes que
je prenais à ce sujet me serviraient plus tard à
constater un miracle. Je n'avais pas besoin de ce

fait pour croire à la possibilité des miracles; mais je m'estime heureux d'avoir vu celui-ci. »

Que peut donc valoir contre un témoignage ainsi conditionné le sentiment d'un docteur qui garde l'anonyme, ou qui ne soulève le voile qui cache son nom qu'en prenant une initiale qui, outre l'inconvénient d'avoir attiré gratuitement l'attention sur un médecin justement estimé, donne le droit de penser qu'il n'a eu aucun rapport direct avec la malade et qu'il n'a pas pu établir et formuler son jugement sur ses propres observations?

M. le docteur anonyme a cru pouvoir appuyer son opinion d'hystérie sur les antécédents de famille de la malade. M. le docteur Grimaud pense que c'est au contraire une preuve pour son sentiment, que « son diagnostic de myélite chronique est confirmé par ces antécédents de famille, comme par la marche ascendante de la paralysie que l'électricité avait été impuissante à modifier ».

M. Cavayé, nous l'avons vu, pense comme M. Grimaud.

M. le docteur anonyme insiste sur la soudaineté de la guérison, comme preuve démonstrative que la maladie n'était pas une myélite chronique, parce que sans doute c'est une maladie incurable, et qu'on n'en pourrait pas expliquer médicalement la guérison subite.

De la même manière, nos positivistes disent hautement et carrément : « Le miracle n'est pas possible : donc il n'existe pas. » Nous retournons l'argument, et nous disons : « Le miracle existe ; il y a eu, il y a des miracles : donc le miracle est possible. »

Or, pour le cas présent, il y avait myélite chronique, et il y a eu guérison subite, complète, permanente.

Que faire après cela, si ce n'est d'avouer, de déclarer simplement, avec M. le docteur Grimaud, que l'explication de cette guérison n'est pas du domaine de l'observation médicale ?

Alors il ne faudrait plus prétendre à en appeler exclusivement au public spécial des médecins, comme seul compétent dans la matière. Leur suffrage est certainement précieux. Qu'ils constatent donc la maladie autant qu'ils le pourront : à la bonne heure. C'est ce qu'a fait d'une manière pertinente et consciencieuse M. le docteur Grimaud. C'est ce qu'ont fait de même sans doute les deux médecins qui ont traité Caroline à l'Hospice de Niort : dont l'un a écrit sur le cahier de visite : *Myélite*, et dont l'autre a plusieurs fois déclaré la malade incurable, refusant en conséquence de l'envoyer une troisième saison à Barèges.

Maintenant, pour la constatation de la guérison, que les médecins s'y emploient : ce sera pour le mieux. Par les témoignages apportés plus haut, nous avons montré que nous y tenions beaucoup. Mais l'intervention des médecins sur ce point est-elle donc indispensable ? Une personne ne peut-elle pas affirmer d'elle-même sa guérison et en avoir la légitime conviction? Le public, non pas seulement médical, mais tout le public, qui a des yeux pour voir, des oreilles pour recueillir les paroles des témoins oculaires, le bon sens pour juger de ce qu'il voit ou entend dire, ne peut-il pas lui-même prononcer qu'il y a guérison, lorsque la personne, certainement malade auparavant, présente désormais, non pas seulement pendant un ou quelques jours, mais durant plusieurs mois, tous les caractères d'une parfaite santé?

Or, il en est ainsi pour le cas qui nous occupe. Le fait est là sous les yeux et à la portée de quiconque veut voir et entendre.

XXXIV.

EXPLICATION DE LA GUÉRISON.

Reste donc l'explication de la guérison.

Ici, les médecins, non plus comme tels, mais comme chrétiens, sont aptes, s'ils le veulent, à trouver cette explication.

Le chrétien, en effet, admet en principe que Dieu est tout-puissant, que Dieu intervient dans les choses humaines, que Dieu est maître des lois de la nature dont il est le suprême et unique auteur. Le chrétien admet la Religion, les actes de la Religion, les prières, les supplications. Le chrétien a foi aux promesses que Jésus-Christ a faites pour tous ceux qui croient en esprit et en vérité. Le chrétien accepte l'enseignement de l'Église sur la place que le Fils de Dieu et le Fils de Marie a donnée à sa très sainte Mère dans l'économie de la Religion, sur la toute-puissance des supplications que fait pour nous, dans son inépuisable tendresse, la Mère du Fils de Dieu.

Voilà pour le principe, qu'on peut admettre sans cesser d'être médecin, et médecin très bon et digne de toute confiance.

Quant à l'application du principe, le chrétien, tout chrétien la fait très raisonnablement, lorsque, voyant qu'une guérison réputée médicalement impossible se produit à la suite d'un acte de religion posé pour l'obtenir, il se persuade et dit que la guérison est une conséquence, une récompense de l'acte de religion, que Dieu l'a opérée par sa toute-puissance qu'il a mise au service de sa miséricorde, et dont il a donné l'exercice à un Ange, à un Saint, ou à la Reine des Anges et des Saints, pour les glorifier et se glorifier en eux, et pour nous attirer mieux à Lui.

L'erreur est possible assurément dans l'application du principe, quelques précautions qu'on prenne pour la faire raisonnablement. Aussi le chrétien qui croit à une guérison par l'intervention directe de Dieu, disons le mot, à une guérison miraculeuse, ne prétend pas imposer son sentiment aux autres, ni d'ailleurs s'imposer à lui-même une obligation de foi sous peine de péché.

Là-dessus, au sujet de la guérison de Caroline Esserteau , bien que mon écrit paraisse avec une haute approbation, je ne crains pas, et, si l'on veut, je m'empresse de reconnaître, à la satisfaction, je l'espère, de M. le docteur anonyme, que « aucune autorité ecclésiastique régulièrement déléguée à cet effet n'a revêtu ce cas de Lourdes de sa sanction, ni cherché, comme il est d'usage, à en établir la nature et la portée, et que par conséquent la question reste pendante au point de vue religieux ».

Ainsi ce cas de Lourdes, pour conserver le terme qu'on emploie, n'est pas un cas de conscience. Pour qu'il le devînt, il faudrait une définition de l'Église, qui ne sera sans doute pas donnée pour le cas présent. Peut-être une autorité ecclésiastique sera-t-elle régulièrement déléguée à l'effet de rechercher et de constater les caractères de cette guérison. Où il faut remarquer que les conclusions n'iront pas à en faire un article de foi, mais bien un cas de dévotion comme de bonne foi et de saine raison.

Jusque-là, est-il interdit aux âmes pieuses de se livrer aux sentiments que cette guérison leur inspire, et doivent-elles se tenir dans le silence, attendant que l'autorité ecclésiastique ait rendu un jugement canonique ?

Ah ! vraiment, qu'on ouvre donc et qu'on parcoure les Annales de l'Église, et on y verra que la dévotion des fidèles, que leurs croyances pieuses ont toujours précédé les définitions de l'Église, l'institution des fêtes, la canonisation des Saints.

C'est justement cette foi générale, cet accord des peuples, qui détermine, au temps opportun, l'autorité compétente à en rechercher l'origine, et à en établir, s'il y a lieu, la légitimité par un jugement canonique.

Jusqu'à ce moment, une dévotion, une croyance pieuse sont permises tant qu'elles n'ont pas été condamnées.

Que vient-on parler alors de « personnes qui, sans mandat, sans autorité, ont cherché à faire autour d'un nom une popularité d'un jour » ?

Les personnes qui ont parlé à Niort de cette guérison avec l'accent de leur conviction se sont trouvées à l'unisson, si même elles n'ont pas été dépassées, des nombreux pèlerins qui, ayant été témoins de la guérison à Lourdes, l'ont, à leur retour, racontée avec enthousiasme dans leurs divers pays. Popularité d'un jour : voilà plus de quatre mois qu'elle dure et va toujours croissant. Une lettre du 27 octobre m'est arrivée du Pas-de-Calais, dans laquelle un honorable fonctionnaire me dit qu'on s'arrache les photographies de la *miraculée*.

Que vient-on parler aussi de « publicité donnée à la guérison de Lourdes » ?

Est-il permis de jeter le gant, d'entrer en lice pour s'escrimer de cette manière ? Publicité donnée : dites, si vous voulez parler exactement, que la publicité s'est produite aussitôt par la force de la chose, par la conviction sincère autant que vive de chacun, sans calcul de personne.

Que vient-on parler encore, à propos de la guérison de Lourdes, d'une « entreprise montée dans un but de propagande locale » ?

Ce dernier mot, avouez-le, est assez mal choisi pour un fait qui retentit par toute la France, comme le prouvent les lettres qui nous sont adressées des points les plus éloignés, à M. l'Aumônier de l'Hospice et à moi, ainsi qu'à la Supérieure des Sœurs et à plusieurs personnes de la ville. Cela n'a rien d'étonnant, la guérison (et quelle guérison !) ayant eu lieu en présence de plus de quatre mille personnes, composant les pèlerinages d'Amiens, d'Aix, de Brioude, de Carcassonne, de Narbonne, de Montauban, qui se sont rencontrés avec notre pèlerinage.

Mais bien plus. Le fait de cette guérison a été connu au delà des limites de la France. J'avais dans mon presbytère, il y a deux mois, le T. R. P. Abbé de la Trappe de Saint-Paul-Trois-Fontaines, qui m'a dit l'impression qu'elle a produite à Rome.

Que vient-on parler surtout « d'une entreprise montée, d'entreprises fantaisistes de certaines gens, de tentatives d'un autre âge » ; à propos de quoi on prend fait et cause (merci de l'intention) pour la Religion ainsi compromise !

Quel profit on peut apporter à la Religion, de

quel zèle on témoigne pour elle, quelle preuve on donne de charité, de bonne foi ou d'intelligence par de telles réflexions, par de telles allégations et insinuations, je n'ai pas à le dire.

Il me suffira de faire remarquer que les « certaines gens » ne sont autres que les centaines et centaines de milliers de personnes de toute condition et de tout état, qui prennent part aux pèlerinages, et qui vont ensuite publiant partout les merveilles dont elles y sont témoins.

Vouloir lutter contre ce fait des pèlerinages dans les proportions et avec les circonstances où il se produit et se maintient, vouloir en arrêter les conséquences, qui sont, pour les résumer en une seule, de revenir et de s'attacher à Dieu, voilà une entreprise, je voudrais pouvoir dire fantaisiste, voilà une tentative d'un autre âge et par laquelle on méconnaît ce mouvement de retour vers Dieu, qui se produit si heureusement de nos jours par le repentir, la prière, la confiance, le sacrifice et tous les meilleurs actes de la Religion.

« Tentative, entreprise montée. » On n'a pas pris garde que, en s'exprimant ainsi, on se faisait l'écho, on favorisait le cours de rumeurs telles que celle-ci, que la guérison de Caroline Esserteau était une affaire arrangée dès le moment de son entrée à l'Hospice, que la jeune fille avait été payée à tant par jour pendant ces quatre ans, et que l'argent était fourni par le Pape ou pris sur le Denier de Saint-Pierre.

Sans doute ici le ridicule le dispute à l'odieux. Mais qui ne sait que les plus grandes énormités sont acceptées par « certaines gens » contre la Religion?

Pourquoi donc, par de gratuites insinuations, viendra-t-on donner l'appui de son instruction spéciale et de son honorabilité? On se retrancherait mal derrière les bonnes intentions. Il faut laisser à ceux qui agissent de parti pris cette triste besogne et la responsabilité qu'elle leur fait encourir.

Qu'on serait bien récompensé, si l'on voulait étudier sérieusement sans doute, mais simplement aussi, la Religion en général, et en particulier ce qui se passe aujourd'hui, ces manifestations religieuses où jaillissent de cœurs pleins et sincères des sentiments que Dieu aime, et que Dieu bénira, oui, nous pouvons l'espérer, dans un prochain avenir!

XXXV.

LE PARI ET L'IMPOSTURE.

Croirait-on que l'état notoire de parfaite santé de Caroline Esserteau était nié formellement, et après plus d'un mois, sur des témoignages que l'on prétendait émaner des personnes les plus autorisées de la ville même de Niort?

Un chef de bataillon au 60ᵉ de ligne, en garnison

à Besançon, membre du Conseil général des Basses-Alpes, écrivait à un de ses proches parents, économe au Petit-Séminaire de Digne :

« J'ai là, pour vous les communiquer très prochaine ment, les affirmations du chef d'escadron de gendarme rie, du maire, du commissaire central et du médecin traitant la fille Esserteau à l'Hospice de Niort, attestant que la pauvre *infirme* est revenue de Lourdes *infirme comme devant*, et qu'elle est là, *étendue*, paralysée, toujours à l'Hospice de Niort comme avant. A qui maintenant adresser les *oculos habent, aures habent ?* A vous ou à moi ? Je ne me suis pas adressé, comme vous le feriez, je le sais très bien, au bon curé de Notre-Dame M. Guillet, président et grand conducteur en chef du pèlerinage. Non ; mais à des yeux qui voient *clair,* et qui ne croient pas au miracle comme vous. »

Le digne ecclésiastique à qui cette lettre était adressée, la reçut le 7 août. Il en fut comme abasourdi ; et, bien qu'il ne fût pas ébranlé dans sa croyance à la réalité de la guérison, à cause de la confiance que lui inspiraient toujours le caractère et la position de l'auteur de la Relation qu'il en avait lue, il voulut cependant aller aux renseignements pour se mettre mieux en mesure de répondre au brave officier. Il écrivit donc, non pas à moi, j'étais récusé comme trop mêlé dans l'affaire, mais à M. l'Aumônier de l'Hospice, qui se contenta d'assurer à ce vénérable prêtre que le prétendu fait de ces quatre affirmations ne pouvait être qu'une invention à plaisir, puisque la bienheureuse fille était là, allant et venant et dans l'Hospice et par les rues de la ville, comme toute personne bien portante, ainsi que tout le monde en était témoin tous les jours.

M. l'Aumônier terminait en disant que M. l'Archiprêtre de Niort avait en main des pièces qui éclaireraient l'incident et en feraient bonne justice.

Voici, en effet, une première pièce :

« Besançon, le 1ᵉʳ août 1873.

« Monsieur le Commissaire,

« J'ai l'honneur de recourir à votre obligeance pour avoir un renseignement sur un fait qui a donné lieu à un *pari très sérieux* et dont je suis chargé de réunir les preuves.

« Voici de quoi il s'agit :

« Un personnage qui revient de Lourdes raconte le miracle suivant :

« Caroline Esserteau, âgée de 33 ans, infirme depuis 10 ans, soignée sans résultat à l'Hospice de Niort, où elle est actuellement, a été transportée en voiture à Lourdes, et elle en est revenue *complètement guérie, par un miracle*.

« Veuillez me donner sur ce miracle, si miracle il y a, la vraie vérité, votre appréciation et celle du médecin qui a traité cette pauvre fille infirme.

« En faisant part de ce pari sérieux concernant un officier supérieur, ayez la bonté de demander au médecin traitant de l'Hospice une petite attestation ; vous me rendrez service.

« Veuillez d'avance agréer mes remerciements pour la peine que je vous donne, et croire, etc.

« N... chef de bataillon au 60ᵉ de ligne, membre du Conseil général des Basses-Alpes, en garnison à Besançon. »

Voici maintenant une seconde pièce :

« Niort, 6 août 1873.

« Monsieur,

« En réponse à votre lettre du 1ᵉʳ de ce mois, concernant la fille Esserteau, j'ai l'honneur de vous adresser les renseignements suivants :

« Cette fille était à l'Hospice depuis 10 ans environ (depuis dix ans malade, depuis quatre ans à l'Hospice) ; elle était complètement paralysée des deux jambes et regardée comme incurable.

« Au pèlerinage qui a eu lieu à Lourdes le mois dernier, la fille Esserteau a tenu à s'y rendre bon gré mal gré. Elle a été transportée à la gare dans une voiture ; ce sont des employés du chemin de fer qui l'ont portée dans un wagon. — A son retour de Lourdes, qui a eu lieu dans la même semaine, cette fille est descendue seule du wagon, a suivi la procession jusqu'à Notre-Dame, distance de 700 mètres. Elle marchait seule, sans le soutien de personne ; elle a même ramassé son chapelet en ma présence. Arrivée à l'église, elle a entendu la messe, et est retournée ensuite, toujours à pied, à l'Hospice, distance d'environ 300 mètres. Tout ceci est à ma parfaite connaissance.

« Maintenant, est-ce un miracle? Vous en tirerez toutes les conséquences que vous jugerez convenable. Pour moi, il est évident que la fille Esserteau est partie malade et qu'elle est revenue guérie, et que jusqu'à présent cette fille continue à bien aller.

« Recevez, etc.

« Le commissaire de police,

« A. BILLON. »

Voici une troisième pièce :

« A M. l'Archiprêtre Guillet, curé de Notre-Dame.

« Niort, le 19 août 1873.

« Monsieur le Curé,

« J'ai l'honneur de vous transmettre les renseignements que vous m'avez demandés au sujet d'une prétendue lettre du Maire de Niort, dans laquelle on qualifie d'odieux mensonge le fait de la guérison de la fille Caroline Esserteau.

« Je n'ai jamais écrit une lettre semblable. Un officier supérieur, chef de bataillon, en garnison à Besançon, m'a écrit pour me demander des renseignements sur cette affaire. Cet officier me demandait en même temps mon appréciation personnelle ainsi que celle du médecin ordinaire de cette pauvre fille.

« J'ai répondu à cet officier en lui transmettant le récit des faits que je tenais de vous-même, et qui constatait la guérison de cette fille.

« J'ai ajouté, dans ma lettre, que je n'avais point à lui faire connaître mon appréciation personnelle sur ces faits, non plus que celle du médecin, que je ne connaissais point.

« Recevez, Monsieur le Curé, etc.

« Le Maire de Niort,

« J. MAICHAIN. »

Cet honorable magistrat, qui n'a pas gardé le double de sa lettre, m'a dit qu'il y avait aussi ajouté avoir refusé à la pauvre fille l'autorisation d'aller une troisième fois à Barèges, l'expérience des deux premières ayant constaté l'inefficacité de ces eaux pour la guérir.

Je ne suis pas en mesure de donner la réponse qu'aurait faite le médecin traitant à notre officier supérieur, parce que M. le docteur, ainsi qu'il me l'a dit et répété plusieurs fois, n'a répondu et ne veut répondre à aucune des lettres qu'on lui a adressées ou qu'on lui adresserait au sujet de Caroline Esserteau. En effet, son confrère même de Barèges, M. le docteur Grimaud, n'en a pas pu recevoir, à son grand étonnement. D'autres médecins, qui lui ont écrit également, n'ont pas été plus heureux. L'un de ces derniers, qui a réitéré sa demande, ne reste pas peu surpris d'un silence qu'il n'attendait pas d'une bonne et naturelle confraternité.

Je n'ai point à apprécier la résolution qu'a prise l'estimable docteur de se retrancher ainsi dans un silence absolu. Il se persuade que, pour un fait qui a bien quelque importance religieuse, et qui a excité partout un si vif intérêt, sa position spéciale ne lui commande pas de parler publiquement, pour dire du reste simplement ce qu'il pensait de la malade avant le voyage de Lourdes, et, quoique ceci soit moins important, ce qu'il pense depuis le retour.

Je ne cesse pas pour cela de rendre hommage à ses sentiments et qualités qui me sont bien connus, surtout depuis qu'une union de famille nous a mis l'un et l'autre en rapports plus intimes.

Mais toujours .puis-je soutenir que, si le respectable docteur, se départant de sa ligne de conduite, a fait quelque réponse à la lettre de M. l'officier supérieur, ce n'aura pas été pour déclarer que la pauvre fille était revenue de Lourdes infirme comme avant.

Quant à M. le chef d'escadron de gendarmerie, qui est depuis peu de temps à Niort, il m'a dit que son premier mouvement avait été de ne pas répondre à une lettre qui ne lui paraissait pas tenir compte de sa position spéciale et de la réserve qu'elle lui commande ; mais que cependant, pour ne pas manquer aux égards dus à un officier de son grade, il s'était décidé à envoyer quelques lignes de réponse, dans lesquelles, du reste, il déclarait n'avoir absolument rien à dire en la présente matière.

M. le chef de bataillon conseiller général est donc mis en demeure de produire les quatre attestations qu'il aurait obtenues.

Mais voici une lettre adressée à la Supérieure de l'Hospice :

« Saint-Clément, 10 août 1873.

« Madame la Supérieure,

« Veuillez me pardonner la liberté que je prends de vous demander des renseignements sur la grâce dont a été favorisée une de vos malades lors du pèlerinage de Niort.

« La faveur obtenue à Lourdes par Caroline Esserteau avait produit un heureux effet dans ma paroisse. Mais ces bonnes impressions furent vite détruites par les dénégations d'une personne de Niort qui est venue dire que tout cela n'est que mensonge et invention du parti clérical; que Caroline Esserteau, dont elle connaît parfaitement la famille, n'est point guérie. « Il est vrai, a-t-elle ajouté, qu'à la sortie du bain, elle a pu marcher quelques pas; mais cela tenait à une forte dose d'électricité répandue dans la piscine. »

« Jugez, Madame la Supérieure, de l'impression produite par ces paroles, sur des esprits trop disposés à repousser tout ce qui est surnaturel.

« Il me semble que je pourrais détruire toutes les dénégations de cette femme libre-penseuse, si j'obtenais de vous et de la bienheureuse miraculée quelques lignes sur ce miracle.

« J. Durand,

« Curé de Saint-Clément (Ile de Ré). »

Et voilà comme le mensonge s'oppose à la vérité ! Comment ne pas croire une personne du lieu même, et qui connaît particulièrement la famille

C'est ainsi qu'un journal de Lourdes affirmait qu'il n'y avait à la Roche Massabielle qu'une eau boueuse, qu'une terre un peu détrempée, lorsque la fontaine miraculeuse coulait depuis six semaines à pleines eaux.

Il n'y a que quelques jours, c'est-à-dire, lorsque la guérison se maintient aux yeux de tout le monde depuis quatre mois, on me demandait si c'était bien vrai, et on me disait que cette guérison trouvait encore des incrédules ou du moins des contradicteurs.

Mais si l'imposture et l'impiété, par leur audace même, peuvent d'abord imposer et en imposer aux esprits légers et prévenus, les âmes honnêtes ne tardent pas à reconnaître la vérité, et elles s'y attachent plus étroitement.

C'est à l'intention de ces âmes honnêtes, droites, de bonne volonté, que je me suis fait un devoir de ne rien omettre concernant une guérison que ma position ne me défend pas d'appeler prodigieuse, que les fidèles ne craignent pas de qualifier d'un titre plus élevé, plus conforme à leur piété et à leur reconnaissance.

XXXVI.

LETTRES ET TÉMOIGNAGES.

J'aime à reproduire ici, comme plus autorisée que les affirmations précédentes, la lettre que m'a écrite le parrain de Caroline :

« Poitiers, ce 7 juillet 73.

« Monsieur l'Archiprêtre,

« Merci mille fois de la bonté que vous avez eue de m'écrire pour m'annoncer le miracle opéré sur cette pauvre Caroline. Je n'en pouvais croire mes yeux, et malgré moi les larmes me gagnèrent. C'est bien par votre lettre que j'ai appris le miracle. Mais après, j'ai eu des détails très circonstanciés, par des témoins et d'autres personnes tenant leurs renseignements de témoins.

« Depuis que l'on sait à Poitiers que cette heureuse fille (j'allais dire pauvre fille) est ma filleule, il m'arrive quantité de personnes me demander des renseignements sur le genre de sa maladie ; et les lettres que j'ai d'elle ont déjà convaincu plusieurs incrédules. On se les dispute, et elles ne sont presque plus en ma possession.

« Dites-lui, je vous prie, combien je suis heureux de son bonheur. Car, après une aussi longue épreuve, une guérison si subite et si complète est une bien grande récompense, et il faut espérer que le bon Dieu continuera, ainsi que sa sainte Mère, à la protéger.

« Dites-lui combien nous serons heureux de la garder quelques jours.

« Veuillez agréer, etc. « Th. Avenel. »

Je reproduis également cette lettre du même à sa filleule :

« Poitiers, ce 16 juillet 73.

« Ma chère Caroline,

« Que de choses depuis votre dernière lettre, et combien de louanges ne devez-vous pas au Seigneur et à sa sainte Mère, pour la grâce si extraordinaire que vous venez d'obtenir ! Ce n'est que votre grande foi, que votre grande confiance en la sainte Vierge, qui ont pu opérer sur vous un aussi grand miracle. Combien donc, heureuse fille, devez-vous persévérer dans cette confiance pour rester toujours digne des faveurs de ce bon Maître ! Je ne doute pas un seul instant de votre reconnaissance et de votre persévérance dans le bien...

« Nous avons toujours l'espoir de vous voir ici, où tous nos amis désirent entendre de votre bouche le récit du miracle dont vous avez été l'objet.

« En attendant, je vous embrasse de tout cœur.

« Votre parrain,

« Th. AVENEL. »

Je donne encore, au même titre, l'extrait suivant :

« Ruffec, ce 24 juillet 1873.

« Ma chère Caroline,

« Comment pouvoir témoigner à DIEU notre reconnaissance au nom de sa sainte Mère qui a jeté les yeux sur une de ses créatures qui était abandonnée de tout le monde ! Mais DIEU qui se plaît à proclamer son saint nom parmi les pauvres et les humbles, a jeté ce regard sur l'humble hospice de Niort, et a choisi dans notre famille la plus malheureuse. O ma chère Caroline, comme tu dois rendre d'actions de grâces à NOTRE-DAME DE LOURDES ! Si j'étais riche, comme je ferais ce voyage pour remercier notre bonne Mère ! Mais je suis allée à l'église de Ruffec pour la remercier...

« Ta tante qui t'aime,

« Victoire ESSERTEAU. »

On formerait un recueil intéressant des lettres que la guérison de Caroline a fait écrire. On y trouve l'expression des sentiments qu'elle a excités ; on y comprend la force et la vitalité de notre Religion sainte ; on y admire les voies et les miséricordes de Dieu, qui daigne se rapprocher de nous, quand nous paraissions nous éloigner davantage de sa connaissance et de son amour.

Nous n'avons reçu aucune lettre qui ait été dictée par un doute formel. Quelques-unes dénotent tout à la fois de la confiance et de la faiblesse.

Un honnête habitant de Lyon m'écrivait le 6 août :

« Ma femme, privée de la vue depuis quatre ans, est allée avec moi à Notre-Dame de Lourdes le 1er mai de cette année, prier l'Immaculée Conception de vouloir bien lui faire revenir la vue. Depuis son jeune âge, elle s'est toujours mise sous la protection de Marie. Elle a redoublé de dévotion pour Elle depuis que nous sommes mariés. Malgré cela, Marie n'a pu encore lui faire rendre ce que Dieu lui a enlevé.

« Elle disait en sortant de la piscine : « Je ne peux « plus croire qu'il s'opère des miracles. Je voudrais voir « guérir quelqu'un pour réellement croire que Marie et « Dieu guérissent quand ils veulent. » Je viens donc, Monsieur Guillet, vous prier de vouloir bien solliciter Mlle Caroline Esserteau si elle pouvait m'écrire elle-même, afin que ma femme soit convaincue qu'elle a été guérie d'une maladie incurable. Vous obligerez un père et une mère affligés.

« Recevez, etc.   « Auguste Neyrod. »

Dans quelques mots de réponse, Caroline a attesté sa guérison, tout en disant comme toujours qu'elle ne la méritait pas, et en ajoutant que Dieu et Marie guérissent bien quand ils veulent.

J'ai répondu, de mon côté, que ceux qui ne sont pas guéris de leurs infirmités recueillent toujours, s'ils sont fidèles à la grâce, des fruits de force et de patience pour le plus grand bien de leurs âmes.

Généralement on nous a écrit pour nous demander des renseignements précis, afin de forcer, autant que possible, l'incrédulité elle-même à rendre hommage à la vérité. On m'a écrit de Limoux (Aude), le 6 juillet :

« Monsieur l'Abbé,

« La gloire de Marie que vous tenez à procurer autant que moi, servira d'excuse à l'importunité d'une lettre qui a pour objet de vous demander un exemplaire du journal de votre contrée qui a rapporté le mieux et avec des détails plus circonstanciés la guérison miraculeuse dont le pèlerinage de Niort a été favorisé dans la personne de Mlle Caroline Esserteau.

« La sainte confraternité que le diocèse de Carcassonne a cimentée avec le vôtre aux pieds de Notre-Dame de Lourdes me permet d'espérer que vous accueillerez favorablement ma demande, et que je recevrai par un des prochains courriers la feuille tant désirée que nous désirons répandre à l'intention de ceux qui contestent cette guérison de premier ordre.

« Dans l'espoir de cette bonté de votre part, j'ai l'honneur, etc.

« D'Espéronnat, *Chanoine honoraire,*
« *aumônier du couvent de Saint-Joseph de Cluny.* »

On m'a écrit d'Amiens, 17 juillet :

« Pèlerin de la Somme, j'arrive de Lourdes où j'ai été témoin du miracle qui s'est accompli en faveur d'une jeune fille de Niort. A mon arrivée à Amiens, j'ai raconté ce miracle à mes amis et connaissances, qui, malgré les preuves que je leur fournissais, sont restés incrédules. Veuillez donc me permettre de vous poser à vous-même ces quelques questions : La jeune fille était-elle vraiment paralysée depuis plusieurs années ? A-t-elle été vraiment guérie ? La guérison s'est-elle continuée ? Comptant sur votre obligeance, monsieur, et sur l'exactitude de vos réponses, je vous prie de recevoir, etc.

« F. Joubaire. »

Ce sont bien les questions qu'il fallait poser, et auxquelles, cette Relation en fait foi, il m'a été facile de répondre exactement, en ajoutant, comme complément aussi vrai qu'important, que la maladie était notoirement réputée incurable et que la guérison a été notoirement instantanée.

Je crois devoir rapporter en entier la lettre que m'a écrite, de Hesdin, le 21 juillet, un notaire du Pas-de-Calais.

« Monsieur le Doyen,

« J'ai appris la guérison miraculeuse de Mlle Caroline Esserteau, de Niort, et, dans l'intérêt de la Religion, je cherche tous les témoignages et les preuves les plus irréfutables. J'espère ouvrir les yeux à certains incrédules trop nombreux de nos jours, et en même temps raviver la dévotion à l'Immaculée Conception. D'abord je me suis adressé au médecin en chef de l'Hôpital des Incurables de Niort, qui ne m'a pas répondu et à qui j'adresse aujourd'hui même une seconde lettre. Puis, j'ai écrit à la miraculée qui, dans sa réponse, me confirme sa guérison entière et surnaturelle.

« Oserai-je vous prier de me fournir les renseignements sur le fait miraculeux ? Sans doute les journaux s'en sont occupés, une relation sera imprimée. Je ne sais à qui m'adresser pour les obtenir. De même on a dû prendre le portrait de la miraculée ; mais comment me le procurer ? Toutes les preuves que je cherche ne sont pas pour moi. Je crois au miracle sans le voir. Je suis catholique par le cœur et par la pratique. Mais, autour de moi, combien de personnes ont besoin de ces preuves dont je vous parle, pour croire, et, peut-être, se convertir !

« Je vous en prie, Monsieur le Doyen, daignez me procurer un correspondant à Niort, afin que tout ce qui a été écrit sur le fait miraculeux de Lourdes me soit adressé coûte que coûte. Peut-être y aura-t-il beaucoup de détails qui seront omis ; quelque témoin oculaire ne pourrait-il pas me les faire parvenir ?

« Excusez la trop grande liberté que je prends de m'adresser à vous en cette circonstance. Je vous suis

totalement inconnu ; mais je puis me recommander de
Mgr Lequette, de mon doyen, de M. l'archiprêtre de la
cathédrale d'Amiens. Et, comme je suis certain qu'en
demandant au nom de Notre-Dame de Lourdes, vous ne
me repousserez pas, je vous adresse par anticipation
tous mes remerciements et me recommande à vos
prières ainsi que mes huit enfants.

« Veuillez agréer, etc.

« HOUZEL, ancien Président de la Chambre
des Notaires de Montreuil-sur-Mer. »

Aucun de mes lecteurs n'aura trouvé cette
lettre trop longue ; et elle sera elle-même, si j'en
ai besoin, la justification de l'étendue que j'ai
laissé prendre à ma Relation.

J'ai de même donné aussi satisfaction à la lettre
suivante :

« Aix, 6 août 1873.

« Monsieur l'Aumônier,

« La Providence nous ayant ménagé le précieux avantage d'être témoins de l'événement prodigieux relatif à
Caroline Esserteau, jeune fille de l'Hôpital de Niort, à
Lourdes, 2 juillet, il ne vous paraîtra pas indiscret que
je vienne vous demander quelques renseignements :

« 1° Sur l'état présent de cette personne ;

« 2° Sur le jugement qu'en portent aujourd'hui les
médecins de Niort ;

« 3° Sur l'attitude de la population par rapport à ces
faits.

C. ESSERTEAU.   5'*

« Si vous aviez à ce sujet quelques documents imprimés, articles de journaux, procès-verbaux, etc., je vous serais infiniment obligé de vouloir bien les annexer aux détails que votre bienveillante confraternité ne voudra sans doute pas me refuser.

« GUILLIBERT, chanoine. »

Un autre membre du même vénérable Chapitre métropolitain d'Aix, M. le chanoine Espieux, qui a beaucoup questionné Caroline en ma présence, m'avait prié à Lourdes de lui rendre, après notre retour à Niort, le même service que M. le chanoine Guillibert a demandé à M. l'Aumônier de l'Hospice.

Un pèlerin d'Abbeville écrivait à ce dernier, le 8 juillet :

« Monsieur,

« J'ai eu l'insigne bonheur de me rendre au pèlerinage de Lourdes, où des bénédictions sans nombre pénétrèrent bien doucement au fond des cœurs chrétiens qui s'y étaient donné rendez-vous. Je n'oublierai de ma vie le privilége tout particulier dont doit être fier votre pieux diocèse ; le miracle de la jeune fille, témoignage irréfragable de la toute-puissance de la Vierge bénie, m'a surtout impressionné. Aussi étais-je venu aujourd'hui, Monsieur l'abbé, recourir à votre bonté pour vous prier de transmettre à cette jeune fille mon intention, convaincu qu'étant ainsi la privilégiée de la sainte Vierge, ses prières auront plus d'accès pour être exaucées.

« Dites-lui qu'elle récite tous les jours un *Ave Maria* pour *un père* et pour *un fils*, afin que leur foi devienne de plus en plus vive, et qu'ils obtiennent tous deux la grâce d'une bonne mort.

« Merci, Monsieur, de votre complaisance. Je n'ai pas l'honneur de vous connaître ; mais on se connaît toujours assez pour vouloir le bien de son prochain.

« Une personne de ma ville me prie de lui procurer un journal mentionnant la réception que la ville de Niort aura faite à Caroline, afin de pouvoir prouver à quelques personnes de ma connaissance que le miracle a été chez vous de notoriété publique et reconnu authentique.

« Veuillez agréer, etc.

« Henri DIEPPE fils. »

Un pèlerin de Lectoure (Gers), M. P. Docet, écrit à M. l'Aumônier le 15 juillet, et lui demande quel effet a produit sur les libres penseurs la guérison instantanée de Caroline Esserteau.

Un prêtre du diocèse d'Arras écrit au même, le 17 juillet :

« Monsieur l'Aumônier,

« Je me trouvais à Lourdes le 2 juillet avec plusieurs de mes confrères des diocèses d'Arras et de Cambrai. Témoins de la guérison miraculeuse de Caroline Esserteau, nous nous sentons, comme les apôtres, obligés de publier ce que nous avons vu, de divulguer le plus possible un fait si prodigieux, pour la plus grande gloire de DIEU et de la sainte Vierge ; l'on me demande des détails et des renseignements ; et puis, je n'ai pas le bonheur d'avoir, comme tant d'autres, le nom de Mlle Caroline écrit par elle-même sur mon bréviaire. Obligé de quitter la Grotte pour faire place aux pèlerins de Montauban, je déchirai une feuille de mon bréviaire et la jetai sur sa chaise, en la priant d'y inscrire son nom en témoignage de sa guérison et en union de prières ; elle s'en souviendra peut-être. N'ayant pu retrouver cette feuille, je la supplie au nom de notre commune Mère, dont je veux toute ma vie raconter la gloire, de m'envoyer sa photographie signée de son nom, en témoignage de sa guérison le 2 juillet, et de la persévérance de cette guérison. Si elle n'a point sa photographie, qu'elle veuille bien en attendant signer l'image ci-incluse, et mettre ces paroles sur le petit billet que j'y ai collé : *Priez pour moi, Caroline Esserteau, infirme de dix ans, miraculeusement guérie à Lourdes le 2 juillet 1873, et dont la guérison persévère. Niort, le...* Quelle reconnaissance je vous devrai, Monsieur l'Aumônier, si vous voulez bien me rendre tous ces services !

« Je vous offre, etc.

« Berquier, curé de Douvrins, près la Bassée. »

Un autre prêtre du même diocèse écrit à M. l'Aumônier :

« Mon cher confrère,

« J'étais comme vous à Lourdes, il y a quinze jours, et j'eus le bonheur d'y être témoin du miracle éclatant de la guérison de Mlle Caroline Esserteau et de m'associer au *Magnificat* d'action de grâces. Nous avons tout naturellement raconté le miracle dans notre pays du Nord, et les journaux l'ont rapporté. Aussi combien de fois ai-je été interrogé sur les détails ! J'ai dit tout ce que j'ai pu pour glorifier le bon Dieu et la bonne Vierge de Lourdes, que nous avons tous priée de si bon cœur. »

Suit la demande de renseignements pour procurer de plus en plus la gloire de Dieu et l'édification des âmes :

« La guérison instantanée de la bonne Caroline continue-t-elle d'être complète ? Comment s'est opéré son retour à Niort, et son voyage a-t-il été facile et heureux ? Quelles impressions ont été celles des habitants de Niort, à son arrivée ? et depuis ? J'étais auprès de Caroline à la Grotte au moment de sa communion (le jeudi), et elle a même eu la bonté d'écrire à ce moment son nom sur mon bréviaire. Je la prie de vouloir bien ne pas m'oublier dans ses prières, et je lui souhaite en retour la destinée de Bernadette.

« Votre tout dévoué,

« GRUSON, curé de Lorgies. »

Un prêtre du diocèse de Beauvais écrit à Caroline le 24 juillet :

« C'est le cœur encore plein d'émotion et surtout de reconnaissance envers NOTRE-DAME DE LOURDES que je vous écris aujourd'hui

« J'étais du nombre de ces milliers de témoins qui eurent le bonheur de voir *votre miracle*.

« Vous avez reçu bien des visites en ces jours bénis des 2 et 3 juillet. Je vous fis également la mienne, et peut-être vous rappelez-vous dans quelle circonstance. Vous reveniez, je pense, pour la dernière fois, de la Grotte ; vous étiez en voiture, lorsque, tout à coup, sans avertir et sans préambule, court et saute dans votre voiture celui qui vous écrit ces lignes. Je voulais vous voir à cause des bontés de MARIE. Si c'est une faute, je ne m'en repens pas du tout, je suis bien heureux de l'avoir commise. Vous me donnâtes votre signature, et vous m'avez promis de prier pour moi.

« Permettez-moi maintenant de vous demander un service.

« Au lendemain même de mon retour, j'ai raconté votre miracle à mes paroissiens ; ils pleuraient tous de joie et de bonheur. Tous, non ; il y a toujours des têtes dures. Ce sont celles-là qui me demandent aujourd'hui des nouvelles de votre santé. Veuillez aussi me dire quelle a été l'impression de la ville à votre retour. Qu'ont dit les médecins ?

« Bien d'autres, sans doute, avant moi vous ont déjà écrit dans ce sens. C'est un nouveau service que je vous demande ; mais c'est pour l'honneur de la Religion, pour l'honneur de MARIE notre bonne Mère. Vous ne vous fatiguerez pas à publier ses bienfaits.

« Donnez moi tous les renseignements possibles.

« Recevez à l'avance, etc.

« NORMAND, curé de Laversines. »

Un prêtre du diocèse de Langres, M. Jacquin, curé de Saint-Maurice de Ville-en-Blaisois, qui avait appris par le journal la « miraculeuse guérison » de Caroline, s'empresse de lui écrire, et lui demande ce que pensent les médecins, quelle a été l'impression produite à Niort.

Un prêtre du diocèse d'Amiens écrit à Caroline, le 28 juillet, cette délicieuse lettre :

« Vive NOTRE-DAME DE LOURDES !

« Mademoiselle,

« Pardonnez à un des heureux pèlerins du diocèse d'Amiens de prendre aujourd'hui la liberté de vous écrire pour vous demander quelques renseignements sur l'état de maladie dans lequel vous vous trouviez avant l'heureux jour de la Visitation de la très sainte Vierge. Quelques instants après votre guérison, je vous ai entendue dire du haut de la fenêtre des Révérends Pères Missionnaires: « Publiez la gloire de NOTRE-DAME DE LOURDES ! » Fidèle à votre recommandation, tous les jours je parle de votre bonheur, ou plutôt de notre bonheur à tous: car votre joie est largement partagée par tous les pèlerins. Toute notre vie, nous publierons la grandeur de cette Mère admirable qui fit de si grandes choses en votre faveur.

« Il est quelques détails que je tiendrais à savoir de vous directement. Soyez assez bonne pour me les écrire.

« Depuis combien de temps étiez-vous à l'Hôpital de Niort ? Les médecins qui vous ont soignée à Niort et à Barèges ont-ils avoué que DIEU seul vous avait guérie? Y avait-il à Niort beaucoup de personnes qui vous connaissaient avant votre heureuse guérison ?

« Encore une fois, Mademoiselle, pardonnez-moi la

liberté que je prends de vous poser ces questions. Renseigné par vous, je serai sûr de ne pas donner des détails erronés. Mes paroissiens sont si heureux de me parler de vous ! C'est à peu près notre unique conversation depuis notre retour. Je vous remercie à l'avance des détails que vous voudrez bien m'écrire dans une lettre prochaine. Je vous témoignerai ma reconnaissance en pensant à vous au saint autel et auprès de Notre-Dame du Sacré-Cœur, dont j'ai le bonheur de posséder une statue magnifique sur le terrain de ma paroisse. On y vient aussi en pèlerinage. Je serai heureux désormais de proclamer la bonté de MARIE en parlant de votre guérison et en demandant à notre bonne Mère qu'elle mette le comble à ses bienfaits en vous conservant innocente et pure, humble et persévérante, jusqu'à ce qu'enfin vous puissiez un jour vous jeter dans les bras de Celle qui vous a témoigné tant d'affection le 2 juillet 1873.

« En proclamant votre guérison, j'acquitterai ma propre dette de reconnaissance. Car moi aussi, à l'âge de neuf ans, j'ai été guéri d'une paralysie de sept mois et d'une maladie de la moelle épinière qui nécessitait une grave opération. Ma pauvre mère me portait partout où elle voulait m'avoir. Le jour même de l'opération, je terminais une neuvaine à Notre-Dame de Liesse. Après avoir répété trois fois l'invocation à MARIE, je poussai un cri : j'étais guéri, je marchais. Les médecins entrèrent une demi-heure après, et déclarèrent que je serais mort dans leurs mains pendant l'opération. Ils m'embrassèrent avec effusion, ne comprenant rien à ma guérison, à leurs yeux impossible. Disons donc tous deux : Vive notre Mère ! Vive Notre-Dame de Liesse ! Vive NOTRE-DAME DE LOURDES !

« Je crois vous faire plaisir en insérant dans ma lettre deux reliques avec les cachets de Mgr d'Amiens. Vous y trouverez une petite parcelle de la vraie croix de Notre-Seigneur Jésus-Christ, qui m'a été donnée par un ami du cardinal Villecourt. Il tenait cette insigne relique du cardinal lui-même. J'en avais détaché cette parcelle au moment où je la fis arranger pour l'exposer dans mon église. Je suis heureux de vous l'offrir, ainsi que la relique de saint Charles Borromée, votre Patron. C'est une parcelle de sa soutane rapportée de Rome par un de mes amis. Je me recommande maintenant à vos bonnes prières, moi et ma paroisse, ainsi que mon père et l'un de mes paroissiens qui avec moi ont eu le bonheur de faire le pèlerinage de Lourdes. Ma mère est morte depuis trois ans ; priez pour elle.

« Croyez, Mademoiselle, etc.

« RIGAUX, curé d'Argœuves. »

Puis-je ne pas donner cette seconde lettre du même ?

« Argœuves, 6 août.

« Mademoiselle,

« J'ai reçu votre aimable lettre, en date du 1ᵉʳ août, avec beaucoup de plaisir. Merci de tous les détails que vous m'y donnez ; ils sont de nature à édifier tous ceux qui les liront. Déjà de douces larmes ont été versées à la lecture de votre bonne petite lettre, et NOTRE-DAME DE LOURDES n'en sera que plus aimée dans ma paroisse.

Je vous suis bien reconnaissant de m'avoir communiqué la lettre du docteur Grimaud. Elle est charmante.

L'incrédule aurait du mal à lutter contre elle. Le docteur, en effet, en dit assez pour prouver que vous n'étiez pas guérissable.

« Vous êtes, dit-il, vraiment une ressuscitée. » Plusieurs de mes confrères me demandent de publier la lettre du docteur Grimaud, disant qu'elle ferait beaucoup de bien pour la gloire de la sainte Vierge. Ne sachant pas si cette lettre a été rendue publique dans les journaux de Niort, je n'ai pas voulu le faire sans votre permission. Croyez-vous qu'on doive un jour la faire imprimer ? Je me conformerai à votre volonté. Elle restera purement confidentielle, si vous l'exigez.

« Sans doute on aura désiré vos photographies à Niort depuis votre guérison. Pardonnez-moi si je prends la liberté de solliciter votre photographie. Ce sera un souvenir précieux pour moi.

« Placée à côté de Bernadette, le rocher et la Grotte de Notre-Dame de Lourdes au milieu, je pourrai contempler notre bonne Mère du ciel avec les deux enfants privilégiées auxquelles elle a témoigné tant d'amour.

« Je termine en vous renouvelant, etc. »

Un autre vénérable prêtre du même diocèse d'Amiens écrit à M. l'Aumônier de l'Hospice, le 2 août, cette lettre non moins touchante :

« Monsieur l'Aumônier,

« Après avoir exercé le saint ministère pendant quarante-six ans, j'ai été atteint, à la fin de 1869, d'une paralysie qui m'a frappé tout le côté droit. Mes souffrances s'aggravent de plus en plus. Bien que je puisse encore marcher quoique fort péniblement et me transporter à l'église, qui n'est pas éloignée, pour entendre la messe les dimanches et les fêtes, je me trouve dans une bien triste et bien désolante position.

« J'ai cru devoir recourir à Celle que l'Église appelle à juste titre : *Salus infirmorum, Consolatrix afflictorum*, Notre-Dame de Lourdes, qui vient de donner encore dernièrement une preuve éclatante de sa bonté pour les hommes et de sa puissance dans le ciel.

« J'ai vu, dans la *Semaine religieuse* du diocèse d'Amiens, tout ce qui se rattache à la guérison miraculeuse de Caroline Esserteau. Ce miracle incontestable, dont plusieurs prêtres de notre diocèse, que je connais, ont été témoins oculaires, m'a inspiré la pensée de vous écrire pour vous prier, ainsi que la bonne et pieuse Caroline Esserteau, d'intercéder pour moi auprès de Notre-Dame de Lourdes, afin de m'obtenir par sa toute-puissante entremise les grâces qui me sont le plus nécessaires.

« Je n'oserais demander une entière guérison. Si Dieu me l'accordait, ce n'est peut-être pas ce qui serait le plus avantageux à mon salut ; mais plutôt du soulagement dans ma souffrance, de la patience, de la résignation, de la confiance en Dieu, enfin la plus précieuse de toutes les grâces, celle de mourir de la mort des justes. Je compte beaucoup sur vos prières et sur celles de cette sainte fille, qui, ne demandant pour elle-même que du soulagement dans ses souffrances, a obtenu, par la vivacité de sa foi, sa complète guérison, et, ce qu'elle désirait encore plus, la conversion de plusieurs de ses proches parents. J'espère qu'elle m'obtiendra aussi quelque grâce du ciel, et que, par sa pieuse intervention, Notre-Dame de Lourdes me sera favorable.

« Je vous envoie en timbres-poste l'honoraire d'une messe qui sera célébrée par vous ou par l'un de vos vénérables collègues à mon intention. Je désire que Caroline puisse faire pour moi la sainte communion à cette messe, et je lui serais infiniment obligé de me recommander pendant neuf jours au Sacré Cœur de Jésus et au Saint Cœur de MARIE, en récitant une fois le jour : *Cœur Sacré de* JÉSUS, *ayez pitié de nous. Cœur immaculé de* MARIE, *priez pour nous.*

« Veuillez agréer, etc.

« GRUIT, ancien curé de Caix. »

Une personne écrit à Caroline, de Château-Renard (Bouches-du-Rhône), le 12 juillet :

« Mademoiselle,

« Mille fois soit bénie MARIE IMMACULÉE ! Je viens d'apprendre la faveur signalée que cette tendre Mère vient de vous accorder.

« Monsieur le très excellent curé de Magnac m'a raconté votre guérison. Il lui semble que vous étiez dans la même position que moi. Voilà pourquoi j'ai osé me permettre de venir vous demander quelques détails. Etiez-vous, Mademoiselle, percluse de vos jambes jusqu'au point de ne pouvoir pas vous appuyer dessus ? Auriez-vous la bonté de me raconter votre maladie ?

« Pour moi, il y a neuf ans que mes jambes sont paralysées, insensibles. C'est un grand froid qui m'a donné cette maladie. Plusieurs médecins ont épuisé leur science sans aucune amélioration. Je n'ai plus d'espérance qu'en DIEU et sa sainte Mère. Je compte aussi beaucoup, Mademoiselle, sur les bonnes prières que vous avez promis de faire à Notre-Dame de Lourdes pour moi. Oui, priez, priez Marie de m'obtenir, sinon ma guérison, au moins de bien sanctifier mes infirmités.

« Que Jésus, Marie, Joseph soient dans notre cœur et dans celui de tous les hommes !

« Recevez, etc. »

Il sera permis de dire que la personne qui écrivait cette lettre est Mlle Thérèse Nicolas, qui elle aussi a obtenu sa complète guérison à la Salette, le 8 septembre, d'une manière moins prompte, mais non moins prodigieuse, que Caroline à Lourdes, le 2 juillet. On peut lire l'émouvant récit de la guérison de Mlle Thérèse Nicolas dans le numéro de novembre des *Annales de Notre-Dame de la Salette.*

M. le docteur Célestin Cavayé, de Sigean (Aude), écrit le 9 juillet :

« Très honorée Demoiselle,

« J'ai eu l'honneur de vous voir le 2 juillet à Lourdes. Mais en ce moment extraordinaire vous étiez entourée d'un si grand nombre de dignes personnes toutes empressées de recueillir de votre bouche votre miraculeuse guérison, que je n'ai pu avoir de vous que quelques renseignements, que je viens vous prier de compléter. Désireux de rendre un prochain hommage à la vérité, vous m'obligeriez beaucoup si vous vouliez me faire le récit de ce qui s'est passé *depuis votre arrivée à la gare jusqu'à l'immersion du corps dans la piscine.*

C. ESSERTEAU.

6

« J'ai reçu une copie de la lettre qui vous fut adressée par l'éminent docteur des eaux de Barèges. Elle corrobore mes sentiments.

« En attendant votre très prochaine réponse, je vous prie d'agréer, etc. »

C'est Mme la comtesse de Galometz qui écrit d'Abbeville, le 16 juillet :

« Permettez-moi, Mademoiselle, de venir vous demander de vos nouvelles, et vous dire tout le bonheur que j'ai éprouvé en me trouvant à Lourdes au moment de votre guérison miraculeuse. La sainte Vierge a été, comme toujours, une bonne Mère pour ses enfants, en accordant aux pèlerins du diocèse d'Amiens d'être les témoins des faveurs qu'elle a répandues sur vous.

« Je vous remercie mille fois de la petite médaille que vous m'avez fait remettre ; j'avais oublié de le faire quand j'ai eu le plaisir de vous donner le bras, le jeudi matin, pour vous reconduire à la maison sur la place où vous étiez logée. J'espère que vous aurez bien voulu penser à moi dans vos prières, comme vous me l'aviez promis. J'ai parlé bien souvent de vous depuis cet heureux jour et ne vous ai pas oubliée près de la sainte Vierge. Si vous en aviez le temps et que ce ne fût pas indiscret de ma part, je vous demanderais de m'écrire quelques lignes pour me dire si vous avez bien supporté les fatigues du voyage ; comment vous vous trouvez maintenant. Le président des pèlerinages a fait insérer dans l'*Abbevillois* un récit de notre pèlerinage et du miracle dont nous avons été témoins. Il aurait besoin d'avoir entre les mains les articles des journaux parus avant et après votre guérison. Si vous pouviez me les procurer ? »

Une personne de Saint-Maurice-lez-Amiens écrit le 3 août :

« Mademoiselle,

« Ma mère et moi avons été du nombre des heureux témoins de votre guérison miraculeuse. Nous en remercions avec vous NOTRE-DAME DE LOURDES et la conjurons aussi de nous accorder ses faveurs.

« Ma mère et une amie, atteintes depuis longtemps d'une surdité qui va toujours croissant, n'ont pas été favorisées comme vous, Mademoiselle. Nous n'en sommes pas jalouses ; notre indignité en est probablement la seule cause. Néanmoins, nous continuerons nos supplications. Nous commencerons jeudi prochain une neuvaine à NOTRE-DAME DE LOURDES, pour la terminer le jour de l'Assomption. Je viens vous prier, Mademoiselle, de joindre vos ferventes prières aux nôtres, afin d'obtenir de notre bonne Mère du ciel un miracle qui assurément serait suivi de la conversion de plusieurs pécheurs. Il me semble que MARIE se laissera toucher en la priant au nom des pécheurs : ils sont si chers à son cœur de mère !

« J'ose compter sur votre pieux concours, Mademoiselle, et vous prie d'agréer, etc.

« E. CAGNARD, Enfant de MARIE. »

Un père de famille d'Amiens écrit le 7 juillet :

« Mademoiselle,

« Je viens me rappeler avec ma famille à votre bon souvenir.

« Je vous rappellerai tout de suite la promesse que vous m'avez faite de m'adresser une petite boîte à chapelet blanc et bleu pour mon jeune garçon que je vous ai conduit.

« Le but principal de cette lettre serait de vous prier de vouloir bien vous joindre à nous pour une neuvaine que nous avons commencée à Notre-Dame de Lourdes, afin de solliciter de la Vierge Immaculée la guérison d'un pauvre jeune homme de vingt-huit ans atteint d'une espèce de névrose générale qui résiste à toutes les médications. Le récit du miracle dont nous avons été les heureux témoins l'a fort impressionné. S'il plaisait à la divine Providence d'accorder une faveur, il pourrait en résulter un grand bien autour de lui.

« Je profiterai de l'occasion pour demander à M. l'Aumônier et à M. l'Archiprêtre l'envoi des journaux de votre pays qui ont parlé de votre miracle, et je prierai ces Messieurs en grâce d'y joindre des certificats de médecins, antérieurs et postérieurs à votre guérison, et autres pièces authentiques et irréfutables. Nous n'avons pas la prétention de convertir les obstinés de l'époque; mais nous pouvons espérer leur faire lire ce récit, eux qui ne voudraient pas lire le livre de Henri Lasserre. Par ces pièces, nous leur ferions lire un chapitre de ce livre. Pensons aux tièdes aussi, que cette lecture pourra réchauffer.

« Je me permets de compter sur le dévouement de ces Messieurs à la chose de Dieu pour nous fournir cet historique.

« Ils prêcheront dans notre diocèse par cette voie, et participeront au bien qui en résultera.

« Ma femme, mes enfants et moi, nous nous recommandons à vos prières et restons dans le Cœur de l'Immaculée Conception vos frères et vos sœurs en Notre-Seigneur.   « Bénard ».

Je ne crois pas manquer à la discrétion qui m'est demandée, je crois plutôt servir la cause de la fervente chrétienne qui m'écrit, en publiant la lettre suivante, qu'elle m'adresse d'une ville du diocèse de Cambrai :

« Monsieur le Curé,

« Ne me pardonnerez-vous pas d'oser venir vous présenter une supplique en vous confiant un *chagrin*... et une *espérance* ?

« Plusieurs personnes alliées et amies de ma famille, faisant partie du pèlerinage de Picardie à Notre-Dame de Lourdes, ont été témoins de la guérison de Mlle Caroline Esserteau. Elles lui ont parlé, l'ont protégée même contre l'empressement enthousiaste de la foule. Par les uns et les autres, nous avons eu le récit émouvant de ce moment de transport, de bonheur et de foi.

« A mon tour je vais avec tous mes enfants faire partie du pèlerinage du Nord, du Pas-de-Calais et de la Somme, qui part de Lille le 29 septembre. Nous allons à Notre-Dame de Lourdes prier pour notre Père à tous Pie IX, pour la conversion des pécheurs, pour notre pauvre France. Ce sont bien là nos intentions générales. Mais notre prière particulière sera pour la guérison de mon mari, malade depuis douze ans. Déjà, en allant aux eaux, il a été prier trois fois à Notre-Dame de Lourdes. Peut-être est-ce à l'intercession de cette Mère des affligés que cette vie si chère a été conservée jusqu'à présent. Aujourd'hui, il est presque infirme, et ne peut faire quelques pas qu'à l'aide de deux bras... Et quelle résignation dans ses souffrances !... Quel bien ne ferait-il pas si Dieu lui rendait la santé!.... Ah ! que cette guérison ramènerait d'âmes au Seigneur !

« Nous allons donc aller tous prier Celle qui peut tout obtenir, pour cette santé si chère à nous tous, aux pauvres, aux malheureux et, pourquoi ne le dirais-je pas ? à tous les habitants de notre ville. Croyez aussi, Monsieur le Curé, que notre prière aura la *force de la soumission*. Car nous croyons que Dieu sait mieux que nous ce qui nous convient, et les plus ardentes supplications de nos cœurs seront toujours accompagnées de notre Fiat !

« C'est là notre chagrin, Monsieur le Curé ; et voici notre espérance :

« Depuis que notre départ pour Lourdes est décidé, *une pensée intime ne quitte pas mon cœur*, celle de demander à Mlle Caroline Esserteau de prier avec nous pour notre malade, de s'unir aux deux neuvaines que nous allons faire, la première commençant le 23 pour finir à la Grotte le 1er octobre, jour de notre communion générale. Notre malade sera uni à nous d'ici. Nous ferons la seconde du 2 au 10 octobre.

Elle qui a été digne du regard de la sainte Vierge, qui a su si bien demander pour elle, ne voudra-t-elle pas prier pour des affligés, pour un malade comme elle l'a été? Sa prière vaudra encore bien mieux que les nôtres. N'est-elle pas l'*amie* de la Vierge Immaculée ?

« Mais comment, où lui écrire? Ne serai-je pas importune? Et, malgré ces questions que je me faisais, mon désir devenait plus vif... Ce matin, au pied du saint tabernacle, je me suis rappelé avoir lu votre nom au bas de la lettre qui rendait compte du miracle du 2 juillet, et avec confiance et simplicité je suis venue à vous, Mon-

sieur le curé. Vous connaissez Mlle Caroline Esserteau.
Ne voudrez-vous pas plaider ma cause auprès d'elle ?
Pardon, mille fois pardon de vous importuner. Ainsi,
Monsieur le Curé, une espérance de mon cœur me dit que
vous ne me refuserez pas. Quel merci j'en adresserai au
bon Dieu et à vous !

« Recevez, etc.

« Mme DE STAPLANDE, à Bergues. »

Quelle touchante lettre que celle qui m'a été
adressée du diocèse de Dijon, le 3 août :

« Monsieur et vénérable confrère,

« Je n'ai appris que ces jours ci, mais d'une manière
assez vague, la guérison miraculeuse à Lourdes de Caroline Esserteau, en sorte que je ne savais encore à qui
m'adresser pour obtenir le service que je viens aujour-
d'hui réclamer de votre bonté.

« Ému jusqu'aux larmes en lisant, dans la *Chronique
Religieuse* de notre diocèse, le récit que vous faites de
cette merveille, je ne crois être ni trop osé, ni importun,
en cherchant à vous apitoyer sur mon sort, vous et Caroline, au sujet d'une infirmité qui a bien quelque analogie
avec celle dont elle vient d'être elle-même guérie.

« Je suis donc atteint, depuis longues années, d'une
sorte de paraplégie progressive qu'une récente maladie
fort grave vient d'accroître encore dans de notables proportions : en sorte que j'ai dû avoir recours à un vicaire
pour me suppléer bien souvent dans l'exercice du ministère pastoral.

« Mais ma plus grande douleur, par suite de cette

gêne énorme des mouvements du corps, est moins l'infirmité en soi que l'impuissance, dans un tel état, de continuer et de mener à terme mon œuvre commencée déjà d'un sanctuaire à la Vierge Immaculée, parce qu'il me faudrait, pour les démarches obligées en pareil cas, une souplesse de reins et de jarret qui me fait défaut aujourd'hui.

« Depuis longtemps déjà je prie et supplie Notre-Dame de Lourdes, si généreuse en bienfaits de toutes sortes, de se montrer propice à mes vœux, qui ont plus particulièrement pour but sa gloire à elle-même dans nos contrées. Mais, ô singularité vraiment mystérieuse! à chaque neuvaine que je fais à cette intention, mon état s'aggrave au lieu de s'améliorer, en ce sens du moins que les crises nerveuses se réveillent chaque fois avec une intensité que ne s'expliquent pas les personnes dévouées qui m'entourent, et qui m'aurait déconcerté bien souvent moi-même, si ma confiance en Notre-Dame de Lourdes avait pu jamais s'affaiblir, et si je n'avais l'espérance, fortifiée encore aujourd'hui par l'exemple de Caroline, que les délais du Seigneur à exaucer nos vœux ne sont pas toujours la preuve d'un refus inexorable.

« Veuillez, mon cher et vénéré confrère, prier Caroline, qui est nécessairement aimée de Notre-Dame de Lourdes, de se constituer mon avocate auprès d'Elle, afin que je puisse continuer son sanctuaire.

« Si vous vouliez me dire les jours et heures où Caroline priera pour moi, afin que moi et les miens nous soyons tous unis de cœur et d'esprit aux pieds de Notre-Dame de Lourdes ?

« J'ai l'honneur d'être, etc.

« Collin, Curé de Roffay-lez-Beaune. »

Les lettres suivantes, par les détails qu'elles contiennent, ont leur place marquée dans cette Relation :

« Bacouël, 14 octobre 1873.

« Monsieur l'Archiprêtre,

« Je vous remercie des photographies de votre heureuse miraculée, Caroline Esserteau, dont je garderai un éternel souvenir. Il ne peut se faire, en effet, que le 2 juillet 73, où il m'a été donné de l'accompagner à la maison des Pères, de recevoir son petit chapelet de l'Immaculée Conception, de posséder sur mon carnet sa première signature, d'assister à son interrogatoire et surtout d'avoir eu l'insigne bonheur d'aller avec sa petite compagne porter ses grandes chausses à la Grotte et les appendre aux pieds de MARIE IMMACULÉE, comme un trophée de sa puissance et de son amour ; il ne se peut faire que ce jour-là n'ait été le plus beau et le plus mémorable de ma vie.

« Vous comprenez, Monsieur l'Archiprêtre, ma joie d'avoir pu offrir même gratuitement à quelques-uns de mes paroissiens une photographie qui est l'expression de la puissance et de la bonté de MARIE.

« Je serai heureux de prendre quelques exemplaires de la Relation faite par vous d'une scène si évidemment miraculeuse.

« Veuillez agréer, etc.

« MIANNAY, curé de Bacouël (par Amiens). »

« Estrées-lez-Crécy, 29 octobre 1873.

« Monsieur l'Archiprêtre,

« J'ai l'honneur de vous accuser réception des photographies de votre bonne et pieuse Caroline Esserteau. J'accepte son portrait avec une bien douce satisfaction, et par reconnaissance du bonheur que j'ai obtenu du ciel, en lui donnant la sainte communion le 2 juillet à Lourdes, à l'autel privilégié de l'Immaculée-Conception, au-dessus de la Grotte de l'Apparition. Je veux en faire don à mes amis les plus intimes.

« Daignez me faire passer votre Relation.

« *Te saluto et osculor in SS. Præcordiis* Jesu *et* Mariæ.

« H. Candillon, curé d'Estrées-lez-Crécy, par Crécy-en-Ponthieu. »

« Estrées-lez-Crécy, 29 oct. 1873.

« Ma chère Enfant,

« Je viens de recevoir votre portrait par l'entremise de M. l'Archiprêtre de Niort : ça a été pour moi un nouveau sujet de bonheur et de consolation qui n'a fait qu'augmenter le pieux souvenir que j'ai conservé de vous. Non, ma chère enfant, je n'ai pas oublié les recommandations que vous m'avez faites après vous avoir donné la sainte communion, le 2 juillet à Lourdes. Tous les soirs je récite pour vous un *Pater* et un *Ave*, et tous les mois vous avez part à une messe en l'honneur de l'Immaculée Conception, que je dis depuis trente ans pour les prêtres et les fidèles de tout l'univers catholique. Je vous recommande donc au bon Dieu dans mes prières et au saint sacrifice de la messe, afin qu'il vous conserve dans un esprit de foi, de charité, d'une profonde humilité et d'une éternelle reconnaissance pour l'insigne faveur qu'il vous a accordée par l'intercession de la bienheureuse Vierge Marie Immaculée, notre Dame et notre Mère à tous. Je fais tous mes efforts devant Dieu et auprès de la très sainte Vierge pour que vos vœux soient accomplis. N'oubliez pas dans vos prières le pauvre curé d'Estrées-lez-Crécy, pour que le Seigneur le prenne en pitié ; car il n'est vraiment digne que de honte, de mépris et de confusion.

« Je vous salue et je vous bénis dans les SS. Cœurs de Jésus et de Marie.

« H. Candillon, etc. »

« Argœuves, 15 décembre 1873.

« Gloire à Notre-Dame de Lourdes !

« Mademoiselle,

« Merci de la bonne pensée que vous avez eue de me faire expédier quelques-unes de vos photographies. J'ai fait bien des heureux en les plaçant chez des co-pèlerins, et même chez des personnes de ma paroisse qui, n'ayant pas eu le bonheur de faire le pèlerinage de Notre-Dame de Lourdes, tenaient néanmoins à posséder un souvenir de vous. Quand la brochure de M. l'Archiprêtre aura paru, soyez assez bonne pour me la faire expédier. Je me recommande de nouveau à vos bonnes prières, surtout pour une grâce que je sollicite depuis trois ans, et que le bon Dieu n'a pas encore jugé à propos de m'accorder. Si vous vouliez faire une petite neuvaine à mon intention et y joindre une communion, combien vous me feriez plaisir ! Soyez assurée que je ne vous oublierai pas dans mes saints sacrifices. Voici bientôt la fin de l'année 1873 à jamais mémorable pour vous et pour moi. Puisse celle de 1874 être encore une année de grâce et de sainteté ! Faites-en une année d'actions de grâces et de reconnaissance. La très sainte Vierge en fera de son côté une année de bénédictions nouvelles pour vous. C'est le vœu que je dépose aux pieds de notre bonne Mère du ciel.

« Croyez, Mademoiselle, etc.

« H. RIGAUX, curé d'Argœuves. »

Je donne encore la lettre suivante d'un écrivain catholique bien connu, et qui me pardonnera l'indiscrétion que je pourrais commettre. Je la donne sans en retrancher ce qui m'y concerne, et où je ne vois qu'un enseignement dont je dois m'efforcer de profiter. Voici donc cette lettre :

« Château de Kéroman, près Lorient.

« Monsieur l'Abbé,

« J'ai lu avec émotion la guérison de Mlle Caroline Esserteau, que vous avez publiée dans la *Semaine* de Poitiers. La foi ardente qui éclate dans votre récit m'engage à vous demander le secours de vos prières à vous-même, et, par]votre intermédiaire à Mlle Caroline Esserteau.

« Il y a quinze ans, quand je commençai à écrire pour la défense de l'Église, je fis consulter le curé d'Ars, qui m'ordonna d'entrer dans la carrière avec ardeur et confiance, me promettant de grands résultats.

« Notre Saint-Père Pie IX, ayant su les paroles du curé d'Ars, m'écrivit spontanément une lettre d'encouragement, où il me disait de croire et de marcher.

« Cependant, depuis lors, les obstacles se sont dressés devant moi. Plusieurs amis, dont le concours semblait nécessaire, m'ont abandonné. Une maladie nerveuse très cruelle, et très inconnue des médecins, m'accable l'esprit et me décourage l'âme. Tantôt elle se porte sur l'œil droit, tantôt sur les intestins, tantôt elle prend la forme d'une névralgie faciale. On m'a arraché, sans me guérir, une quinzaine de dents.

« La médecine ne peut rien, que me faire mal.

« Vous avez une foi ardente, Monsieur l'abbé. Je m'adresse à vous pour vous demander vos prières. Je vous les demande pour moi et pour plusieurs personnes très cruellement et très longuement éprouvées. Mlle Caroline Esserteau doit avoir en ce moment, après la faveur dont elle a été l'objet, un redoublement immense de foi. Je vous demande instamment de vouloir bien me recommander à ses plus ardentes prières, moi et mes intentions. Cette lettre est pour elle comme pour vous.

« Je m'arrête, pour épargner votre temps. Les intentions que je recommande à vos prières sont de la dernière importance ; elles concernent à la fois le bien des corps et le bien des âmes. Elles portent loin, et, si elles sont exaucées, le contre-coup se fera sentir au loin. Je les recommande à vous, Monsieur l'abbé, à Mlle Caroline Esserteau, à toutes les âmes pieuses que vous pourriez connaître.

« J'ai l'honneur d'être, etc.

« Ernest HELLO,
« Écrivain catholique. »

J'ai la confiance qu'on ne pourra pas lire, sans y souscrire, la recommandation de M. Hello, qui, à cause de cela, me saura gré d'avoir publié sa lettre.

Je donne, sans craindre de lasser le lecteur, les lettres suivantes, dont on appréciera la noble simplicité :

« Monsieur l'Archiprêtre,

« Je ne sais si vous avez encore souvenance d'un militaire qui a eu le bonheur de prier près de vous dans le sanctuaire de Lourdes, le 2 juillet dernier. C'est ce même militaire qui vient vous demander de lui rendre le service de faire parvenir ces quelques lignes à Caroline Esserteau, et qui vous demande le secours de vos bonnes prières pour sa fiancée et pour lui, le 25 de ce mois, jour où ils recevront le saint sacrement de mariage.

« J'ai l'honneur d'être avec un profond respect,
« Monsieur l'Archiprêtre,
« Votre très humble fils en J.-C.
« CH. DOUVILLE DE FRANSSU,
« Capitaine adjudant-major au 19° chasseurs.

« Château de Verquin (près Béthune), le 18 novembre 1873. »

« Mademoiselle,

« Je suis l'un des deux officiers qui ont eu le bonheur d'être témoins de votre guérison miraculeuse, et je remercie notre bonne Vierge de m'avoir fait cette grâce. Est-ce un titre auprès de vous? Non. Mais, puisque vous avez été bénie de Dieu, je n'hésite pas à avoir recours à vos bonnes prières.

« Je dois me marier le 25 de ce mois, jour de la fête de sainte Catherine, et je viens vous demander, pour ce jour-là, un *Souvenez-vous* particulier à notre Mère Immaculée de Lourdes, à mon intention et à celle de ma fiancée, afin que Dieu bénisse notre union.

« Dans l'espoir que vous m'accorderez ma demande, j'ai l'honneur, etc.

« Château de Verquin,

« Ch. Douville de Franssu,

« Capitaine adj.-major. »

« Lourdes, 8 décembre 1873.

« Monsieur l'Archiprêtre,

« C'est au retour de la Grotte bénie et encore tout ému d'une commune prière avec mon épouse, heureuse et comme moi bien reconnaissante des bonnes prières de Caroline Esserteau, que je viens en son nom et au mien vous remercier, ainsi que la chère privilégiée de notre bonne Mère, de vos si excellentes prières.

« Le Père Sempé, que je quitte à l'instant, me dit attendre un rapport tendant à bien établir l'authenticité du miracle.

« Recevez, etc.   « Ch.- Douville de Franssu. »

Je me reprocherais de ne pas consigner ici la lettre que m'écrit un membre du pèlerinage de Brioude :

« Blesle, le 19 décembre 1873.

« Monsieur l'Archiprêtre,

« Le 2 juillet dernier, vous le savez, de nombreux pèlerinages se pressaient autour de la Grotte de Lourdes, entre autres celui de Niort et celui de Brioude, dont j'avais l'honneur de faire partie.

« Indépendamment des joies intimes et des consolations de cette belle journée, dont mon cœur garde un impérissable souvenir, il plut à la divine miséricorde de manifester sous mes yeux sa puissance et de glorifier MARIE par la guérison de Mlle Caroline Esserteau, de Niort.

« D'après ce que j'ai ouï dire à Lourdes, et d'après le touchant rapport inséré par vous dans les *Annales*, il ne peut rester aucun doute sur le miracle.

« Seriez-vous assez bon, Monsieur l'Archiprêtre, pour me dire si la guérison s'est maintenue, et si les membres de l'heureuse miraculée ont réellement recouvré la force et la souplesse d'un état de santé ordinaire ?

« Ce témoignage, que vous ne me refuserez pas, me servira, je l'espère, à ramener à DIEU une âme qui m'est bien chère et que le récit du miracle a déjà bien ébranlée.

« Agréez, etc.

« L. CHAUCHAT,
« Vicaire à Blesle (Haute-Loire). »

XXXVII.

CE QU'IL FAUT CONCLURE AVEC BENOÎT XIV ET AVEC DES MÉDECINS.

Voilà donc bien des lettres et bien des témoignages. Nous pourrions en fournir d'autres. Mais c'est assez sans doute pour faire bonne justice de la singulière allégation qui fut avancée dans les premiers jours, et dont j'ai parlé plus haut, à savoir : que la prétendue guérison de Caroline Esserteau, à Lourdes, était « une entreprise montée par certaines gens, par des esprits fantaisistes, dans un but de propagande locale ».

Ces lettres, en effet, viennent des points les plus éloignés ; elles sont écrites par des personnes de conditions et de positions très diverses, et dont plusieurs n'étaient pas au pèlerinage. Elles ne suffisent pas sans doute pour démontrer le fait ou pour y attacher un caractère particulier ; mais elles expriment bien l'idée qu'on s'en est formée ; elles apportent, comme on dit, un préjugé favorable à la cause.

Trouvera-t-on maintenant que le préjugé est fondé, que la cause se présente avec les conditions bien remplies, selon les règles bien observées d'une saine critique ?

Cette Relation, premièrement, respire-t-elle la

bonne foi, la sincérité, la franchise, en un mot, la plus pure intention ? Prouve-t-elle ensuite tout à la fois la conscience et l'exactitude des recherches ? S'appuie-t-elle enfin sur des documents certains, afférents au sujet, dignes de créance et propres à entraîner la conviction ?

Une seule inexactitude, grande il est vrai, et que je tiens davantage pour cela même à rectifier, s'est introduite dans la relation sommaire que j'ai donnée au premier moment.

Il n'y avait pas déviation de la colonne vertébrale. Il se comprendra qu'on s'y soit trompé. La pauvre jeune fille était constamment toute penchée sur le côté. Non seulement les personnes qui la voyaient, mais celles même qui la soignaient, n'expliquaient pas autrement sa position. Encore maintenant beaucoup persistent dans la même opinion. Mais je me tiens là-dessus à la déclaration formelle qui m'a été faite verbalement par le médecin de Niort, M. Fontant, et par le médecin de Barèges, M. le Dr Grimaud, lequel termine ainsi l'une de ses lettres : « Il est fâcheux seulement qu'on ait, au début, parlé de gibbosité dorsale; il n'y en avait pas et il ne pouvait pas y en avoir. »

« Il est fâcheux seulement », pour dire que tout le reste est exact.

Ainsi, Caroline Esserteau était certainement malade, depuis plus de dix ans, d'une maladie qui, pendant les trois dernières années, l'avait fait placer parmi les incurables, et qui était réputée désormais incurable non seulement par les personnes qui la soignaient, mais encore par les médecins qui la traitaient. M. le chirurgien en chef de l'Hospice lui avait refusé sa signature, et, par suite, M. le maire son autorisation, pour aller une troisième fois aux eaux de Barèges, dont le directeur eût également été peiné de l'y voir revenir.

Caroline était atteinte, ne puis-je pas dire certainement ? d'une *myélite chronique,* arrivée au degré le plus alarmant. L'un des médecins traitants de l'Hospice a consigné ce diagnostic de la maladie sur son cahier de visite. Caroline a été présentée, comme atteinte de cette maladie, à M. le docteur Vizerie, ainsi qu'il l'a dit dans la déclaration que j'ai rapportée plus haut. Le médecin traitant de Barèges a donné et motivé, d'une manière assez complète et assez authentique, on en conviendra, son sentiment et son appréciation sur la nature de la maladie et sur la gravité du cas.

Caroline avait certainement, par suite de sa maladie arrivée à ce degré, la vue très affaiblie, un commencement de paralysie des membres supérieurs, une paralysie entière des jambes, qui étaient insensibles, inertes, et tellement amaigries, que la peau, toute livide, se repliait sous les doigts.

Caroline, au moment de son départ de Niort pour Lourdes, était certainement dans l'état le plus triste, par suite d'une pleurésie survenue sur ses autres infirmités, et dont elle était à peine convalescente.

Caroline certainement a donné pendant le voyage les plus vives inquiétudes, et a semblé n'être plus qu'un cadavre quand on l'a portée dans la crypte et ensuite à la piscine.

Caroline a certainement paru complètement guérie, quelques secondes après son entrée dans la piscine. Il lui a semblé qu'elle supportait très bien le grand jour, et il a paru qu'elle pouvait voir, lire et écrire facilement. Il lui a semblé qu'elle ne sentait plus de douleurs dans le dos, ni de fourmillements dans les bras ; et il a paru que ses jambes étaient pleines et fortes, et qu'elles portaient sur des pieds parfaitement redressés et solides, qui la soutenaient très bien.

Cette apparence de guérison instantanée et complète d'une maladie justement réputée incurable s'est certainement maintenue pendant deux jours entiers à Lourdes, à la vue de plus de quatre mille personnes de tout caractère et de toute condition ; pendant les vingt heures de voyage, au milieu de près de cinq cents personnes ; à l'arrivée à Niort, sous les yeux de quinze cents à deux mille personnes, pendant le parcours de la gare à l'église de Notre-Dame, sept cents mètres, et de ladite église à l'Hospice, trois cents mètres ; enfin jusqu'à ce jour, durant les quatre mois qui se sont écoulés depuis son retour, pendant lesquels des milliers de personnes l'ont visitée et la voient tous les jours, et l'ont vue à Poitiers, à Bordeaux et en autres lieux ; à Bordeaux où, après avoir marché toute une matinée, elle est montée à la tour de Saint-Michel, sans s'arrêter dans cette ascension dont on connaît la hauteur.

Caroline est arrivée de son voyage d'un mois, offrant toujours, comme en ce moment où j'écris ces lignes, la même apparence de complète guérison.

Quoi de plus? Ne suis-je pas en droit de penser, de conclure, d'affirmer que cette apparence aussi persistante de guérison est vraiment une réalité?

Or, comment s'est produite, comment s'est opérée cette guérison réelle d'une maladie qui, de sa nature et à ce degré surtout, était réputée incurable? Quel nouveau médecin a-t-on consulté, qui aurait été plus intelligent, plus dévoué, plus persévérant que les autres? Quel· traitement supérieur a-t-on employé, qui aurait eu cette soudaine efficacité?

Il se disait de la malade, comme de tous les infirmes de ce genre qui sont dans les hospices, qu'elle était reléguée à la ferraille. Sachant les soins qui ne lui ont jamais manqué, je dirai seulement, pour parler le commun langage, qu'elle était abandonnée des médecins. Or, il est constant qu'il n'y a pas eu de consultation particulière ; il est certain que de traitement nouveau, de moyen sensible employé pour la guérir, il n'y a rien eu, si ce n'est qu'elle a été portée à la piscine de Lourdes; il est certain enfin que, lorsque les jambes ont commencé d'être mises dans l'eau, et que l'eau a été montée jusqu'aux genoux, la malade, qui ne l'était plus, s'est écriée : « JE SENS MES JAMBES, JE SUIS GUÉRIE ! »

Et il a paru à tout le monde présent, comme à elle, que c'était vrai ; et, je le répète, après quatre mois, tout le monde des témoins est encore dans la même persuasion.

Qu'on me pardonne cette forme de langage à laquelle m'ont amené certaines allégations et oppositions présentées avec beaucoup de talent, ce qui ne suffit pas, et avec non moins de jeunesse, me dit-on, ce qui est souvent de trop, à l'encontre de la réalité même de la guérison, et surtout du caractère particulier qui s'impose à cette guérison, en raison des circonstances qui l'ont précédée, accompagnée et suivie.

L'ironie de mon langage n'a, dans mon intention, aucune amertume. Elle sera, je l'espère, prise en bonne part, et pourra, je le désire, susciter dans un esprit élevé, avec qui je serais heureux d'entrer en relation, des doutes au moins sur une opinion qui s'est formée avant mûr examen et avec des idées contraires en principe à toute cause surnaturelle de guérison.

Le pape Benoît XIV, dans son ouvrage assez autorisé, comme on sait, sur la *Béatification des Serviteurs de Dieu* et la *Canonisation des Bienheureux* (livre IV, partie 1re, chap. VIII, n° 1), enseigne qu'une guérison, pour être comptée parmi les miracles, doit avoir les conditions suivantes réunies :

1° Que la maladie soit grave, et que la guérison soit impossible ou difficile ;

2° Que la maladie ne soit pas à sa dernière période, tellement qu'elle doive bientôt décliner ;

3° Qu'il n'y ait pas eu de remèdes employés, ou que, si on en a employé, il soit certain qu'ils ont été inutiles ;

4° Que la guérison soit subite et instantanée ;

5° Que la guérison soit parfaite, et non pas incomplète et tronquée (*perfecta, non manca, aut concisa*) ;

9° Qu'aucune évacuation ou crise notable n'ait précédé dans les temps voulus, et avec cause ; car, s'il en arrive ainsi, la guérison ne devra pas se dire miraculeuse, mais naturelle en tout ou en partie ;

7° Enfin que la maladie ôtée ne revienne pas.

On peut voir, au dernier chapitre du même livre, ce que l'éminent auteur, très considérable en cette matière, dit de l'imagination comme cause de guérison.

Toutes les conditions requises, au sentiment de Benoît XIV, pour qu'une guérison soit regardée comme miraculeuse, se trouvent évidemment réunies dans la guérison de Caroline Esserteau. Je puis donc appeler cette guérison miraculeuse, tout en soumettant, comme je le dois, mon jugement à l'autorité qui a le droit de prononcer.

Ainsi, avec cette réserve, je conclus, comme M. le docteur Grimaud, comme M. le docteur Peyrusse, comme M. le docteur Cavayé, comme M. le docteur

Vizerie, comme M. le docteur Chevrier, comme M. le docteur Lataste, — et je m'arrête dans ces désignations, — je conclus que la guérison de Caroline Esserteau échappe à toute explication médicale et naturelle ; je conclus qu'il est permis d'y voir un nouvel acte de l'intervention divine dans les événements de notre vie.

Qui que nous soyons, nous ne sommes rien par nous-mêmes, et néanmoins, dans le plan divin, chacun de nous est assez grand pour attirer l'attention, pour exercer la sollicitude, pour demander et obtenir les faveurs du Dieu tout-puissant qui nous a créés par amour.

Vous qui vous faites scrupule d'admettre trop facilement le surnaturel, au préjudice de la raison, et, dites-vous, au détriment de la Religion elle-même, qui n'a rien à gagner, qui aurait beaucoup à perdre aux empressements de la crédulité vulgaire, appréhendez aussi de nuire à la raison en repoussant ou en affaiblissant le principe même du surnaturel, qui est, au témoignage même de la raison, le fondement nécessaire de la Religion.

« L'incrédulité est, hélas ! bien crédule ! Elle aime mieux croire à je ne sais quel pouvoir mystérieux et occulte de l'esprit sur la matière qu'à l'action de Dieu sur la créature. Un médecin, auquel je contais le fait (de la guérison de Caroline), dont il ne doutait pas, me répondit simplement que Dieu ne pouvait s'abaisser à de pareilles misères. Donc Dieu pourrait faire un pareil miracle ; mais il ne le fera pas, car cela le déshonorerait! Que sert-il de raisonner avec de pareils esprits? Il n'en est pas autrement que du temps de Notre-Seigneur, et les paroles par lesquelles il a flétri la superbe des savants et des orgueilleux d'alors s'appliquent exactement à ceux de nos jours. »

M. le docteur Grimaud, qui m'écrit en si bons termes, me prie de féliciter Caroline de son retour à la vie extérieure. Je l'ai fait volontiers, sachant bien que ce n'est pas pour elle une diminution, mais que c'est au contraire une augmentation de la vie intérieure.

C'est une grande miséricorde du Seigneur notre Dieu, que les faits surnaturels se multiplient en nos jours, que l'incrédulité a si souvent rendus néfastes par les calamités qu'elle entraîne après elle.

La prétendue liberté de la pensée, qui n'est que la servitude sous la tyrannie de l'opinion et des passions mauvaises, amène la domination de l'homme sur l'homme, dans un commun esclavage sous l'empire du démon, qui est toujours le prince de ce monde où il règne par l'orgueil, la cupidité et l'ignominie.

C'est donc une grande bonté du Fils de Dieu, Jésus-Christ Notre-Seigneur, qui nous a rachetés, de prendre soin et pitié de nous, alors que nous paraissions davantage le méconnaître et nous éloigner de Lui. Comment ne pas nous rendre aux sollicitations de son amour, lorsqu'il le manifeste par d'innombrables et d'incontestables bienfaits, et surtout quand il nous les accorde à la requête et après la touchante intervention de sa très sainte Mère, la Vierge Immaculée?

Aussi, que vous êtes à plaindre, vous qui ne voyez pas ce qui se passe aujourd'hui, ou qui résistez au courant qui emporte heureusement la multitude croissante des fidèles de Jésus et de Marie!

Les sanctuaires de la très sainte Vierge sont visités avec l'élan d'une foi vive et la confiance d'un sincère repentir, et l'on y est sans cesse ramené par la plus légitime reconnaissance.

Soumettez enfin votre intelligence, laissez parler votre cœur, et rendez gloire à Dieu, vous qui êtes capable de comprendre, qui voulez ce qui est bien, et qui n'êtes pas sans influence autour de vous. Car nous devons tous glorifier Dieu, tous exercer, dans la sphère d'activité où Dieu nous a mis, l'apostolat de la Religion, de ses divins enseignements, de ses pratiques salutaires.

Nous ne sommes rien, et Dieu daigne se servir de nous pour procurer sa gloire et assurer ainsi notre vertu, nos mérites et notre bonheur.

Serions-nous donc arrêtés, parce qu'il plaît à Dieu de choisir souvent les plus petits d'entre nous pour faire éclater à nos regards, et au profit de toute bonne volonté, sa puissance et son amour?

Qu'était, en effet, l'humble et pauvre et infortunée fille dont le nom est aujourd'hui sur toutes les lèvres, dont le souvenir émeut tous les cœurs?

Qu'est-elle encore très justement à ses propres yeux ?

Elle se reconnaît tout à fait indigne de la grâce dont elle a été favorisée ; elle sent bien vivement qu'elle est la très obligée de Dieu et de la sainte Vierge Marie, et elle demande instamment à tous ceux que sa guérison a tant édifiés et réjouis, de prier pour elle et de l'aider à dignement remercier Dieu et Marie.

Mais elle comprend aussi que la grâce qu'elle a reçue doit servir à plusieurs ; et c'est pourquoi elle se prête à tout ce qu'on lui demande, elle répond à toutes les questions qu'on lui adresse, elle ne se fatigue pas de répéter cent fois le récit de sa merveilleuse guérison.

Bien plus, elle met à profit cette grâce pour faire davantage aimer Dieu et la Vierge Immaculée, pour contribuer à ramener les âmes dans la pratique de notre sainte Religion.

C'est ainsi qu'elle a travaillé dans sa propre famille avec des efforts que Dieu a bénis.

DE NOTRE-DAME DE LOURDES, JAMAIS ASSEZ.

Vous me permettrez, Monseigneur, de placer ici sous vos yeux, comme couronnement de ma Relation, la pièce suivante dont il m'est défendu de faire connaître l'auteur :

DE NOTRE-DAME DE LOURDES

JAMAIS ASSEZ

Mère ! ce cri d'amour que notre âme t'envoie
N'est-il pas en ce jour l'écho de notre cœur ?
De ton nom, embaumé de prière et de joie,
Ah ! qui donc plus que nous doit chanter la douceur ?
Désormais ce n'est plus une fleur d'espérance
Que nos mains porteront au pied de ton autel ;
C'est le riche trésor de la reconnaissance
Que nous venons t'offrir, Souveraine du Ciel !

Et vous, ô pèlerins de la sainte Montagne,
Si notre faible voix de loin vous accompagne,
Ne nous refusez pas un bienveillant secours
Qui répande le calme et la paix sur nos jours.

Pour la seconde fois au retour de l'année,
Ils ont dit: « Nous irons à LOURDES tant aimée. »
Pour l'Église et la France, en ces jours de malheur,
Allons, allons prier, ô prêtres du Seigneur !
Avec vous partira la cohorte fidèle
Qui veut rivaliser de ferveur et de zèle.
Peut-être dans ses rangs un céleste Envoyé
A fait choix d'un cœur pur et privilégié.
Je ne sais, mais je crois que sous quelque symbole
Il avait dû sans doute entrevoir l'avenir,
Celui qui sans frayeur a dit cette parole :
« Pauvre enfant, avec nous, oui, vous devez partir. »
A qui s'adressait-il dans ce ferme langage,
L'apôtre de la paix et de la charité ?
A l'infirme qui va lui devoir davantage,
Plus qu'elle n'eût pensé dans son humilité.
Que dis-je ? Ai-je oublié que sa piété vive
Trois fois s'est engagée à venir dans ces lieux ?

Et que l'eau de la source est encor moins active
Que celle de la grâce en son cœur généreux ?
Elle ne peut marcher ; mais, malgré sa faiblesse,
On l'entend répéter : « Quand je devrais mourir,
Et bien ! j'aurai du moins accompli la promesse
Dont la Vierge là-bas garde le souvenir. »
Durant ce long trajet, qui peindra sa souffrance ?
Rien ne peut l'égaler, sinon son espérance..
Mais, tandis que son corps souffre des maux affreux,
Le calme de son âme est toujours radieux.
O fille de douleurs, ta prière ineffable
S'élève vers les cieux comme un suave encens ;
La Mère de Jésus, d'une main secourable,
A recueilli tes pleurs et pesé tes tourments.

On arrive ; voilà le vallon solitaire
Où de loin si souvent ton cœur s'est envolé.
Ah ! ne semble-t-il pas, en touchant cette terre,
Que l'homme voyageur n'est plus un exilé ?
N'est-ce pas un parfum, un air de la patrie
Que l'on croit respirer en ce pieux séjour ?
Et n'y voyons-nous pas apparaître Marie
Comme au plus haut des cieux nous la verrons un jour ?
Elle est sur le rocher, belle, sereine et pure ;
La Grotte est à ses pieds. Le Gave qui murmure
Coule sous son regard qui paraît le bénir
Et sourit au ruisseau que sa main fait jaillir.
Sur son front virginal le souffle de la brise
Se joue avec respect sous son voile abaissé,
Et sur son blanc rosaire il semble qu'elle dise :
France qui m'appartiens, à tes maux j'ai pensé !
Ma sœur, réjouis-toi ; viens à l'Immaculée ;
Déjà de son pouvoir tu connais la bonté.
C'est Elle qui, vers toi, doucement inclinée,
Des célestes faveurs comblait ta pauvreté.
Mais voilà qu'on la porte en la pieuse enceinte

Où le Dieu de l'autel s'immole chaque jour ;
Et puis on la descend dans la piscine sainte
Où la Vierge répand les flots de son amour.
A peine à ses genoux montait l'onde bénie
Que son corps tout entier reprend le mouvement.
« Miracle ! » — O doux transport ! « Vive, vive Marie ! »
Redisent mille voix qui n'ont qu'un même accent.
L'infirme dont la foi n'était pas inquiète
Devant un peuple ému joyeusement répète :
« Trois fois dans ces saints lieux il me fallait venir ;
Car Elle m'avait dit que je devais guérir. »
Pour rendre plus complet notre tribut d'hommages,
Marie avait voulu que cinq pèlerinages,
Unissant avec nous leurs hymnes et leurs vœux,
Rendissent ce grand jour à jamais glorieux.
Aussi, dans tout climat et dans toute contrée,
Niort, on te proclame et ta miraculée.
Le prodige s'attache à ton front couronné.
Tu seras de respect toujours environné.

Mais à l'esprit du mal l'homme, hélas ! se dévoue ;
Le miracle l'indigne, il en est offusqué.
Soleil, tu fonds la cire et tu durcis la boue :
Par là tout se comprend et tout est expliqué.

Que faire ? Ah ! nous prirons la Vierge qui pardonne
Aux âmes des pécheurs de rendre la santé,
Pour que de plus en plus sa céleste couronne
Resplendisse ici-bas des traits de sa bonté.

Quant à nous, ses enfants, oui, nous croyons en Elle,
Et par la voix d'un père, en ce jour fortuné,
Nous jurons à ses pieds que notre âme fidèle
Accomplira toujours toute sa volonté.
Lourdes, jamais assez de ta Reine chérie,
De tes rochers bénis d'où nous vient le secours.

Eau du miracle, coule, en murmurant MARIE ;
Nos cœurs te répondront: LOURDES, LOURDES toujours !

O Vierge Immaculée, ô NOTRE-DAME DE LOURDES, soyez-nous propice en cette vallée des larmes. Assistez-nous , conduisez-nous , ramenez les pécheurs. Délivrez Pie IX. Sauvez notre France. Et disons avec l'amie de Caroline :

DOUX CŒUR DE MARIE, SOYEZ NOTRE SALUT.

J'ai l'honneur d'être avec un profond respect,

MONSEIGNEUR,

De Votre Grandeur

Le très humble et très obéissant serviteur et fils en Notre-Seigneur.

L'Archiprêtre de Niort, curé de Notre-Dame,

Athanase-Augustin GUILLET,
Président du Pèlerinage Niortais à Notre-Dame de Lourdes, le 2 juillet 1873.

SUPPLÉMENT

I.

PERSISTANCE DE LA GUÉRISON.

Le miracle, dont la relation vient de passer sous nos yeux, est aujourd'hui confirmé par le temps, et la persistance de la guérison a reçu des constatations successives et surabondantes.

Au cours du séjour que Caroline fit à Lourdes, du 29 août au 21 septembre 1874, elle se rendit, sur les vives instances qui lui en étaient faites, à Barèges, où M. le docteur Grimaud, sa femme et sa fille, où M. le curé et son vicaire, où les Sœurs de l'hospice Sainte-Eugénie et les serviteurs de l'établissement, où tous ceux enfin qui l'avaient connue dans son pitoyable état, lui firent le plus cordial accueil, et furent enchantés de la revoir, s'émerveillant de la trouver si libre dans ses mouvements et si complètement guérie.

« Faites-nous donc voir, disaient les baigneuses, vos morceaux de bois, » voulant parler de ses jambes. Et elles disaient aux porteurs : « Venez donc voir ! » Et ceux-ci de s'écrier : « Qu'on vienne nous dire que la sainte Vierge ne fait pas des miracles ! Ah ! vous avez trouvé un bon médecin. »

Une jeune fille de Blois, heureuse de se retrouver avec Caroline, ne pouvait revenir de son étonnement, en la voyant faire avec elle, d'un pas rapide et sûr, de longues excursions dans la montagne.

En 1875, M. l'abbé Guillet, publiant la seconde édition de son Rapport, pouvait affirmer : « Caroline est si bien guérie, si complètement tirée du pitoyable état qui la réduisait à l'impuissance et à l'inertie, qu'elle peut, chaque jour, faire marcher une machine à coudre ! D'autres savent mieux que moi ce qu'il faut d'action, de souplesse et de force, pour se servir de ces instruments, pour les faire fonctionner plusieurs heures consécutives, comme c'est la pratique des ouvrières qui ont à gagner leur vie par leur travail quotidien. Mais elle est enchantée ; elle peut travailler et elle travaille à pleines journées. Quand elle s'interrompt, c'est pour aller porter son ouvrage ou pour en demander encore : ce qui est une nouvelle preuve, et celle-ci aux yeux de tout le monde, de son retour à la santé. »

Enfin, à l'heure qu'il est, il est aisé à tous les pèlerins qui visitent Lourdes de constater sur les lieux l'admirable et forte santé de celle que la bonté de MARIE a rappelée, il y a 20 ans, de la mort à la vie. Ils la trouveront au couvent des religieuses de l'Immaculée-Conception, à moins qu'ils ne l'aperçoivent en prière devant cette grotte bénie où son âme, un jour, s'est remplie d'un amour débordant.

II.

RELATIONS DE PAULINE MERCIER ET DE CAROLINE. —
MORT DE PAULINE.

L'amitié créée par la sainte Vierge entre Pauline
Mercier et Caroline Esserteau persévérait non moins
fidèlement pour la gloire de Notre-Dame de
Lourdes, ainsi que les deux lettres suivantes per-
mettent de s'en faire une faible idée.

J. M. J.

« Tarbes, 25 mars 1874.

« *Toujours gloire à Notre-Dame de Lourdes.*

« Ma bien chère et bien-aimée petite sœur,

« Il me tarde bien de recevoir de tes nouvelles.
Le temps commence à me paraître bien long, surtout
en voyant approcher ce beau mois de mai, anniversaire
de tant de vœux à Marie, notre bonne Mère. Chère
petite sœur, je ne t'aurais pas peut-être écrit aujour-
d'hui, si on ne m'en avait chargée. Je te dirai que je
suis malade depuis trois jours. J'ai été obligée de
rester à la maison. Mais je ramasse toutes mes forces
pour rendre un service bien grand à une personne.

« C'est une jeune demoiselle qui doit se décider pour

prendre un état de vie. Elle a entendu parler de toi. Elle était même à Lourdes le jour de ta guérison ; mais elle n'a pas eu le bonheur de te voir, ce qu'elle regrette vivement. Elle espère que, cette année. il n'en sera pas ainsi. Eh bien , cette personne te prie de faire une neuvaine à Notre-Dame de Lourdes à son intention. Je suis persuadée que tu me feras ce plaisir, et en même temps tu pourras la prier aussi pour moi, qu'Elle me guérisse bientôt. Tu sais combien j'ai besoin de travailler. Maintenant, chère petite sœur, je dois te dir que je suis bien heureuse : pour le lundi de Pâques, il y a un grand pèlerinage de Tarbes à Lourdes. C'est le premier qui a lieu cette année; et il n'est que trop juste, puisque Tarbes est le chef-lieu du département. Et puis, après celui-là, il y en a deux ou trois par jour d'annoncés. Quel bonheur pour moi quand j'apprendrai que celui de Niort arrive ! Mais prie la sainte Vierge que je devienne un peu raisonnable, que je ne laisse pas paraître l'amitié comme je le fais. Car, il y a toujours de petits esprits qui en sont scandalisés. Chère petite sœur, je ne t'en dis pas plus long, parce que je suis très fatiguée.

« Adieu, chère petite sœur, ou plutôt au revoir.

« Ta sœur pour la vie, qui t'aime toujours.

« Pauline Mercier.

« Et surtout n'oublions pas de dire :

« *Doux Cœur de* Marie, *soyez notre salut* ».

J M. J.

« Tarbes, 10 mai 1874.

« Gloire à Marie Immaculée, et vive toujours
Notre-Dame de Lourdes !

« Bien chère et bien-aimée petite sœur,

« Mon intention était de t'écrire dimanche dernier. Mais le seul moment que j'avais de libre, les Sœurs m'ont envoyé chercher pour faire une commission. Pendant la semaine, tu sais bien que je n'ai pas le temps. Je suis bien plus esclave que toi. Il faut que je te dise la peine que tu m'as causée en me laissant si longtemps sans me donner de tes nouvelles. J'ai eu le temps de faire des réflexions de toutes sortes. Je ne dois pas me plaindre, du moment que j'ai demandé à la sainte Vierge de me faire souffrir. Aussi j'ai regardé cette souffrance comme venant de sa main. Mais il n'y a qu'un cœur qui aime sincèrement qui puisse me comprendre. Heureusement je ne souffrais pas seule. Ma bonne Mère du ciel était avec moi pour m'encourager et pour chasser loin de moi les pensées tristes qui venaient m'assaillir. Car la créature n'est plus rien pour moi. Aussi, tout mon espoir est en Dieu et sa divine Mère, qui est aussi la nôtre. Oh! oui, aimons-la, et tâchons de la faire aimer de tout le monde. Ne nous fatiguons jamais de publier ses bienfaits, et surtout prions beaucoup pour la conversion des pécheurs. Faisons tout ce que nous pourrons pour procurer la gloire de Dieu. Offrons-nous, s'il le faut, en victime pour lui faire plaisir.

C. ESSERTEAU.   7

« Chère sœur, que je suis heureuse de pouvoir épancher mon cœur dans le tien pour parler de ce que j'aime ! Qu'il est heureux d'avoir un cœur à qui l'on peut dire tout ce qu'on pense ! Mais si j'étais auprès de toi, je pourrais encore parler plus librement. Ce plaisir, nous l'aurons avant longtemps. Il aura été assez désiré, surtout par toi, chère petite sœur, pour revoir ta Mère chérie. Tu es jalouse de mon bonheur ; je ne t'en blâme pas. Car moi on ne peut m'en arracher. Chaque fois que j'y vais, je ne peux lui témoigner notre reconnaissance que par des torrents de larmes. Je voudrais mourir à ses pieds pour bien lui témoigner mon amour. Quand j'y pense, on dirait que je deviens folle ; mon caractère sort de son naturel. Je voudrais me fondre comme la cire et me consumer comme la lampe du sanctuaire devant l'autel de ma Mère.

« Chère amie, je ne puis retenir les élans de mon cœur. Je m'aperçois que je vais bien loin. Je te montre mon cœur comme tu vois mon extérieur. Mais surtout, en grâce, je t'en supplie, garde tout ce que je te dis pour toi. Autrement, ça me ferait beaucoup de peine. Aimons à rester cachées aux yeux du monde, et à être toutes petites, pour que nous soyons grandes aux yeux du divin Maître. Quant à moi, la grâce que je demande continuellement pour toutes deux, c'est l'humilité ; car sans elle il ne faut pas espérer d'aller au ciel.

« Chère petite sœur, j'ai appris avec plaisir que la sainte Vierge t'avait accordé une double faveur en te donnant pour mère une personne si pieuse et si bonne. Aussi je prie tous les jours pour elle, que Dieu lui rende au centuple tout ce qu'elle fait pour toi. Mais aussi j'espère que j'aurai ma part dans ses prières en qualité de ta petite sœur. Toutes les enfants de l'ouvroir vont s'en prendre à moi, si tu ne viens pas à Tarbes. A tout prix elles veulent te voir, ainsi que toutes les Sœurs. Tu leur dois bien ce plaisir, pour les payer de toutes les prières qu'elles ont faites pour toi. Aussi j'espère que tu me feras ce plaisir. Tu auras la bonté de présenter mes respects à M. l'Aumônier et à M. Guillet. Dis-leur que je ne les oublie jamais dans mes prières, que je les prie bien d'avoir un petit souvenir pour moi dans les leurs. Mes parents me chargent de te dire les choses les plus aimables. Il y a quelques personnes qui se recommandent à tes prières.

« Je ne te dis pas de prier pour moi. Je suis plus que persuadée que tu le fais. Je sens tous les jours les effets des prières qu'on fait pour moi. Je ne te dis pas adieu, mais plutôt au revoir, à bientôt.

« Je t'embrasse de tout cœur.

« Ta sœur pour la vie,

« Pauline MERCIER.

« N'oublie pas de dire toujours :

« *Doux Cœur* de MARIE, *soyez mon salut.* »

Pauline fait allusion dans cette lettre à une personne de Niort qui se montrait une mère pour son amie ; c'était une paroissienne de M. l'abbé Guillet qui avait été heureuse d'accueillir l'enfant privilégiée de MARIE, en lui louant une modeste chambre, puis en partageant avec elle, un peu plus tard, l'organisation d'une petite maison de commerce.

La reconnaissance de Caroline Esserteau put se donner libre cours dans le pèlerinage d'anniversaire de sa guérison miraculeuse. Le *Journal de Lourdes* du 4 juillet 1874 indique en ces termes l'impression produite dès son arrivée :

« Mercredi, Niort traversa nos rues en procession, d'assez bonne heure. Un prêtre de ma connaissance, au-devant duquel j'étais allé, me fit voir tenant le cordon d'une bannière, en tête des lignes, Caroline Esserteau, la miraculée de l'an passé. « Vous la « voyez, me disait le prêtre ; nous l'avons apportée « ne se tenant plus, regardez maintenant. » Elle était ferme et marchait avec autant d'aisance que le premier venu dans le cortège.

« Ému, comme on le pense, et tout absorbé dans l'admiration de ces merveilles de la Grotte, je ne songeais plus à observer la marche. Quand je revins à moi, j'aperçus une foule d'étendards aux couleurs diverses, portant des inscriptions. Ils donnaient un grand air à la procession. Mais l'étendard incomparable, gloire de Niort et de Lourdes, c'est cette pauvre fille, pour la vie estropiée et languissante, que je venais de voir agile et fraîche..... O NOTRE-DAME DE LOURDES! »

Le vénérable curé de Barèges, qui n'avait pas vu Caroline depuis sa guérison, et qui venait d'arriver exprès à Lourdes le 2 juillet, ne put contenir son émotion. « Je vous croyais bien guérie, ma chère enfant, lui dit-il, mais je ne pensais pas vous voir guérie comme vous l'êtes. Vous aimiez bien la sainte

Vierge ; mais elle vous aimait encore davantage. Pourquoi y a-t-il des hommes assez méchants pour combattre la sainte Vierge ? Leur méchanceté est une preuve de plus pour notre auguste Mère. On n'attaque ainsi que ce qui est bien et vrai. »

Cependant quelque chose manquait à Caroline aux pieds de sa céleste Bienfaitrice dans la Grotte de Lourdes : son amie Pauline Mercier n'était pas à ses côtés ; elle voulait son appui pour l'action de grâces comme elle l'avait eu pour la guérison. Comment ne pas se prêter à son désir ? ajoute M. l'abbé Guillet. On l'accompagna donc jusqu'à Tarbes, où les bonnes Filles de la Croix et les enfants de l'ouvroir la reçurent avec des transports de joie, ne pouvant se lasser de la voir. Les Sœurs permirent facilement à Pauline d'accompagner Caroline à Lourdes, et les deux amies, unissant leur foi, leur gratitude et leur amour, furent inséparables auprès de Marie qu'elles remerciaient à l'envi l'une de l'autre.

Malheureusement il ne nous est pas permis de pénétrer davantage l'union de ces deux âmes, luttant d'émulation pour se sanctifier l'une l'autre et témoigner leur amour à leur Mère du ciel. Pauline Mercier, ayant vu l'usage que M. l'abbé Guillet avait fait de ses premières lettres, en les citant dans sa Relation, fit promettre solennellement à Caroline de détruire mutuellement leurs lettres dès qu'elles en auraient pris connaissance. Cette

7*

promesse a été si fidèlement observée qu'il n'existe plus trace de leur correspondance.

Tous les ans les deux amies se retrouvaient à Lourdes aux pieds de la Vierge Immaculée, en pèlerinage d'action de grâces. Au mois de septembre 1887, Caroline y passa trois semaines avec sa sœur bien-aimée. Elle remarqua l'état alarmant de la santé de Pauline ; cependant elle était loin de présager sa fin prochaine, et la séparation fut accompagnée, de part et d'autre, par l'espérance de se revoir avant l'année révolue.

L'hiver fut pénible pour Pauline. Au printemps, elle se sentait faible et sortait de moins en moins, ce qui la privait des consolations religieuses.

Le 1er mai, elle reçut la visite d'une personne qui lui devait le bonheur de sa conversion ; après quelques instants d'entretien, elle s'adressa à elle sur le ton de la prière, disant : « Si j'ai pu vous rendre un grand service dans votre vie en vous aidant à rentrer dans la voie du salut, voulez-vous me rendre aujourd'hui un service aussi précieux en allant chercher de suite mon confesseur ? » Comme la visiteuse s'étonnait de ce désir pressant, sachant qu'il y avait peu de temps que Pauline s'était confessée, cette dernière ajouta : « Je dois me confesser pour la dernière fois. »

On se rendit donc à son désir : le confesseur arriva bientôt. Pauline insista pour qu'il lui apportât le plus tôt possible la sainte communion le lendemain, lui assurant que ce serait le dernier jour de sa vie et qu'elle n'aurait que le temps de recevoir son Dieu pour aller finir son action de grâces au ciel. Comme le prêtre s'efforçait de la rassurer, elle se contenta de lui répondre : « Eh bien ! mon Père, vous verrez demain. »

Dans la soirée, en recevant la Supérieure de Saint-Joseph, elle pronostique sa fin dans les mêmes termes et elle demande à la vénérée religieuse de qui nous tenons ces détails, d'être le lendemain matin près d'elle pour l'assister dans ses derniers sacrements.

Le lendemain matin, 2 mai, avant 6 heures, la Supérieure des Sœurs de Saint-Joseph vint voir si tout était prêt pour la réception du Dieu de l'Eucharistie. Le changement opéré dans l'état de Pauline était tel, que la religieuse envoya dire au prêtre de se hâter. En cela, elle ne faisait que répondre aux prières de Pauline qui répétait sans cesse : « Vite, vite... je m'en vais... bientôt, il ne sera plus temps. »

Après avoir reçu le saint Viatique et l'Extrême-Onction, la pieuse malade put encore répondre aux prières de la recommandation de l'âme ; ensuite, elle prononça ces dernières paroles : « C'est fini. »

A l'instant, son visage se transfigure ; il prend une beauté céleste, et, comme elle l'avait annoncé, à huit heures elle rendait le dernier soupir. L'action de grâces commencée sur la terre s'achevait dans le ciel.

« Fallait-il, écrit la Sœur Saint-Cyprien, réciter le

De profundis ou le *Magnificat* ? Je dis l'un et l'autre. Jamais, quoique j'aie assisté bien des mourants, il ne m'avait été donné de contempler un si beau spectacle. Que de fois j'ai rêvé d'avoir une mort pareille !... Je fis la dernière toilette à la chère défunte avec quelques voisines qui partageaient mon admiration. Revêtue de l'habit de Saint-François qu'elle avait porté pendant la vie, couverte de fleurs et de couronnes, elle ne paraissait qu'endormie. »

Dès que la nouvelle de sa mort se répandit, ce fut un concours immense auprès de sa dépouille ; tous ceux qu'elle avait édifiés ou convertis, tous ceux qui l'avaient connue voulurent contempler une dernière fois celle qui avait passé en ce monde avec tant de bénignité et de douceur. Durant trois jours qu'elle demeura exposée sur sa couche, la piété des fidèles ne put se rassasier d'admiration et de regrets.

Pauline n'oublie certainement pas dans le lieu de son repos ceux qui la pleurent, et son âme ardente doit intercéder plus que jamais en faveur des pécheurs.

III.

CE QUE DEVIENT CAROLINE.

Une fois rendue à la santé par la main toute-puissante de MARIE, à la suite d'une faveur qualifiée par un médecin de « fait le plus surprenant que le

monde ait jamais vu après la création du monde »,
il ne serait donc pas extraordinaire de voir Caroline
suivre l'attrait de son cœur et s'enfermer dans la
solitude pour y remercier Dieu dans une conti-
nuelle action de grâces. Telle fut sa détermination
en 1874, l'année même qui suivit sa guérison.

Bon nombre d'âmes, émerveillées du prodige
opéré en elle, s'étaient senti touchées et s'avouaient
vaincues. Dans sa propre famille, objet de ses
pieuses sollicitudes, elle avait goûté la douceur de
plus d'un retour. Dieu s'était servi de sa personne
comme d'une prédication vivante et d'un effet irrésistible : il avait gagné de fidèles sujets, et Marie
de dévots serviteurs. Aussi Caroline croyait-elle sa
mission terminée et tournait-elle ses regards vers
cette Grotte tant aimée, à quelques pas de laquelle
s'élève un couvent tout dévoué au culte de l'Immaculée Conception. Son désir de recueillement pieux,
de silence, d'obscurité et d'immolation reconnaissante était encore rendu plus vif par les continuelles
obsessions d'une foule avide de la voir, de l'entendre, de tenir d'elle-même les détails de sa miraculeuse guérison : les fervents, les tièdes, les indifférents, les incrédules, les uns pour s'édifier, s'af-
fermir dans leurs croyances, les autres pour se
convaincre, tous se donnaient rendez-vous auprès
d'elle qui, par obéissance, répondait de la meilleure
grâce du monde à toutes leurs questions, sachant,
pour la gloire de sa céleste Bienfaitrice, dissimuler l'ennui, la fatigue et surtout, ce qui lui était

le plus pénible, les assauts livrés à son humilité.

Après avoir obtenu l'autorisation de son directeur, Caroline s'apprêtait à partir pour les Pyrénées, lorsque Mgr Pie, en ayant été informé, la fit demander par dépêche. Elle n'était pas une inconnue pour lui. Il l'avait déjà longuement entretenue quelques semaines seulement après sa guérison, comme en témoignent ces paroles de M. l'abbé Guillet, s'adressant à son évêque, dans la 2ᵉ édition de sa Relation : « Ici, Monseigneur, je n'ai pas à vous rappeler, mais Votre Grandeur me permettra de dire que vous l'avez beaucoup interrogée et que vous n'avez pas entendu sans émotion le récit animé qu'elle vous a fait de sa guérison. »

« Ma fille, lui dit vivement le prélat, que m'at-on rapporté ? Est-il bien vrai que vous pensez à vous soustraire au monde ?

— Oui, Monseigneur, répondit Caroline, avec une fermeté tempérée par une humble déférence. Je dois tout à Dieu et à sa très sainte Mère, la Vierge Immaculée, et j'ai tant à prier à toutes les intentions qui me sont recommandées ! Je sens que Dieu m'appelle à une vie plus recueillie, et j'ai résolu d'entrer au couvent de l'Immaculée-Conception, soit comme religieuse, soit comme pensionnaire.

— Mon enfant, reprit l'illustre évêque, à quelle fin avez-vous demandé votre guérison? »

Et Caroline de répondre :

« Pour la conversion des membres de ma famille et de tous les pécheurs qui m'ont connue étant infirme, comme aussi pour l'édification des âmes qui apprendront la grande grâce dont notre bonne Mère m'a bien voulu combler, quoique j'en sois bien indigne. S'il ne s'était agi que de moi seule, je n'aurais jamais osé demander pareille faveur.

— Eh bien ! mon enfant, nous y sommes. Pour moi, Dieu demande autre chose de vous, il réclame un sacrifice. Vous êtes fatiguée du monde ; vous aspirez à la prière solitaire et à l'oubli, tandis que vous devez rester apôtre. Oui, je dis apôtre. Ce mot vous étonne, ma fille ; je vous entends m'objecter que vous êtes si peu de chose, si ignorante, que vous ne pouvez rien. Et où Notre-Seigneur a-t-il choisi ses apôtres ? Parmi les savants, les puissants du jour ? Répondez... Vous savez bien le contraire. Soyez donc apôtre plus que jamais : restez au milieu du monde pour l'édification de tous, et pendant bien des années encore. — Et s'animant davantage : Pour le moment, ajouta-t-il, je m'oppose formellement à votre désir.

— Monseigneur, vous le prenez sur votre conscience ?

— Oui, reprit l'illustre évêque sur un ton grave : et, quand je paraîtrai devant Dieu, si je n'ai pas autre chose à me reprocher, j'irai tout droit au ciel.

— Oh ! alors, Monseigneur, je me décharge entièrement sur vous. Je vous obéirai, quoi qu'il m'en coûte ; ce sera là mon sacrifice d'action de grâces.

7***

— Peut-être, ajouta-t-il paternellement, Dieu vous appellera plus tard à vivre dans ces lieux où vous reporte sans cesse votre cœur reconnaissant, mais ce ne sera que lorsque tous auront pu admirer l'excellence de son œuvre et se convaincre de la réalité et de la persistance de votre guérison. »

Ainsi fut tranchée la vocation de Caroline. Devant de si hautes lumières, il n'y avait qu'à s'incliner. C'est ce qu'elle fit. Refoulant au plus intime de son cœur son désir tant caressé, elle accepta courageusement le calice qui lui était offert dans le contact de la foule, la curiosité pieuse ou pharisaïque, les questions bienveillantes ou insidieuses, la sympathie ou le dédain, les fatigues, les pertes de temps, tout, absolument tout, jusqu'aux louanges qu'elle reportait, avec une ferveur toujours nouvelle, à cette Vierge bénie entre toutes qui avait fait pour elle de si grandes choses.

La divine Providence permit à Caroline Esserteau de trouver l'emploi de sa vie à Niort pendant les dix années qui suivirent sa guérison ; il fallait que l'exercice de ses forces se fît voir au milieu de ceux qui l'avaient connue malade, et que sa transformation achevât de s'accomplir sous leurs yeux. En effet, son visage était d'abord resté pâle, amaigri par la souffrance, comme pour la faire bien reconnaître. Mais avec le temps, la physionomie se renouvela comme le corps, et les photographies qui furent faites, soit après sa guérison, soit une dizaine d'années plus tard, témoignent d'une façon frappante de la vie nouvelle qui avait rajeuni la miraculée de 1873.

Mais chaque année, faisant trêve à son labeur quotidien, l'heureuse miraculée eut la consolation, toujours vivement sentie, de recevoir l'hospitalité chez les religieuses de l'Immaculée-Conception et de passer plusieurs semaines aux pieds de sa Libératrice, se dépensant au soulagement des malades aux piscines et à la Grotte. A ceux qui lui disaient : « Priez bien pour moi, » elle ne manquait pas de répondre : « Oui, oui, je ne suis ici que pour demander à la sainte Vierge assistance aux malades. » Et les plus pauvres, les plus infortunés attiraient le plus sûrement sa sympathie, parce qu'ils avaient trouvé le chemin de son cœur.

Tout en gagnant sa vie dans un commerce assujettissant, Caroline voyait déjà se dessiner pour elle le devoir de prier sans cesse afin de faire participer les âmes aux grâces de cette Vierge de Lourdes, dont elle avait si grandement expérimenté les bienfaits. Cette obligation lui était dictée par des lettres mulipliées, dans le genre de celles-ci:

A. M. D. G.

« Abbeville, 22 juin 1874.

« Mademoiselle,

« Parmi les émotions du 2 juillet 1873, vous souvient-il d'un monsieur présenté par M. le Supérieur, à l'heure de votre repas, et qui vous apprit que lui aussi était un miraculé de Notre-Dame de Lourdes, et que la main que vous teniez avait été guérie par elle ? Vous rappelez-vous que de douces larmes coulèrent ensemble de nos yeux et qu'en nous quittant nous nous recommandâmes aux prières l'un de l'autre ? Je viens vous supplier de vouloir bien joindre vos prières les plus ferventes à une neuvaine que nous commençons le 24 et que nous finirons le 2 juillet, anniversaire du jour où Marie, notre bonne Mère, vous témoigna la grandeur et la puissance de sa bonté.

« Cette neuvaine a pour but de demander à Notre-Dame de Lourdes la guérison d'une pauvre dame hydropique, d'augmenter la dévotion à Notre-Dame de Lourdes, de lui procurer le plus de gloire possible et d'obtenir la conversion des pécheurs.

« Votre très humble, etc.

« A. Berger-Lalignel, enfant de Marie. »

« Bouttencourt, 27 septembre 1874.

« *Doux Cœur de* Marie, *soyez mon salut.*

« Enfant chérie de la sainte Vierge,

« La rencontre que j'ai faite de votre personne à Lourdes m'a fait admirer une fois de plus tout ce qui se passe là aux pieds de Marie. Heureuse coïncidence d'un prêtre, amenant du fond de la Picardie l'un de ses paroissiens malade, et rencontrant, à l'instant précis de son arrivée, celle qu'il avait un si vif désir de voir, non par un motif de curiosité, mais parce qu'il savait sa puissance sur le Cœur de Marie, puissance que j'attribue, ma fille, à votre foi vive et à votre amour filial pour la sainte Vierge. Je pensais bien que vous n'étiez pas ingrate, après le signalé bienfait que vous avez reçu de notre douce Mère. Combien néanmoins j'ai été heureux de voir que l'amour-propre n'avait pas de prise sur vous, et que vous n'aviez qu'une préoccupation : procurer, à l'aide de Marie, la gloire de Dieu et le salut des âmes.

« En entendant sortir de votre bouche les paroles ardentes qui retraçaient votre guérison miraculeuse et qui exprimaient votre vive reconnaissance pour Marie, je sentais mon cœur tout ému. Je remercie Dieu d'avoir pu vous voir et vous entendre. Je serai bien coupable si je ne suis pas un pasteur selon le cœur de Dieu. Je vous ai vue vous oubliant vous-même pour faire ressortir l'œuvre de Dieu en vous, et moi je chercherais mes aises et mes satisfactions ! Je vous ai entendue réfutant les assertions des impies par ces seuls mots : « J'ai senti l'eau, je suis guérie, » et je ne m'efforcerais pas d'acquérir la science et la vertu capables de réfuter les objections les plus spécieuses ! J'ai respiré l'air pur de la piété, et je n'aimerais pas comme vous à me confier à la sainte Vierge ! Je vous ai vue à l'œuvre, et mon zèle ne s'échaufferait pas à votre exemple. Continuez de faire pour Dieu et les âmes ce que vous avez fait à Lourdes en ma présence.

« Déjà plusieurs sont en voie de retour ou sont revenus à Dieu en ce pays, grâce à Notre-Dame de Lourdes. Continuez donc de prier.

« Votre tout dévoué dans les cœurs de Jésus, de Marie et de Joseph.

« A. Tellier, curé. »

Où Caroline pouvait-elle mieux accomplir la msision de prière, de consolation, d'encouragement, qui lui était instamment demandée, qu'auprès de cette Grotte de Lourdes, vers laquelle la grâce l'attirait déjà, comme le fait deviner cette lettre d'une religieuse de l'Immaculée-Conception :

« Lourdes, 12 janvier 1873.

« Ma bien chère demoiselle,

« Merci mille fois de votre si bonne lettre et des souhaits si sincères et si ardents que vous avez faits pour nous et l'accroissement de notre Communauté. Merci !

« Croyez, ma bien chère enfant, que si vous ne nous avez pas oubliées, vous êtes bien payée de retour, car nous pensons bien souvent à vous et nous parlons bien des fois de la petite *miraculée* de Niort. Vous avez laissé un si bon souvenir au milieu de nous, qu'il nous est doux de penser que vous viendrez encore cette année le renouveler.

« Ne vous découragez jamais pour tant d'obstacles et de difficultés que vous rencontrerez sous vos pas. La vie en est parsemée. C'est encore une grande marque de prédestination, quand le bon Dieu nous ménage des épreuves et des tribulations. Les saints étaient si heureux même au milieu de la souffrance, et nous savons très bien qu'il n'y a qu'au ciel qu'on en est exempt, et que, pour y aller, il faut passer par le creuset des souffrances. Notre divin Sauveur nous en a si bien donné l'exemple ! Vous êtes l'enfant gâtée de

Marie Immaculée, Notre-Dame de Lourdes. Elle vous a accordé tant de grâces ! Priez-la encore qu'elle lève tous les obstacles qui vous empêchent de suivre votre attrait. Remettez-vous avec confiance entre ses bras ; elle aura soin de vous, je vous en réponds.

« Recevez, etc.

« Sœur Marie-Angèle. »

Un jour viendra où Caroline trouvera cet asile paisible et stable après lequel soupire son cœur, où elle pourra s'abriter sous le toit de cet aimable couvent de l'Immaculée-Conception d'où lui arrive ce discret appel et où elle goûte aujourd'hui la joie de prier dans l'obscurité et le silence pour les âmes en souffrance. Mais avant d'atteindre le port, que de traverses, que d'obstacles dont le détail serait trop long !

Qu'il nous suffise de dire que les circonstances introduisirent Caroline dans une famille française opulente et chrétienne, à titre de dame de compagnie. Traitée comme l'enfant de la maison, elle ne cessait de répéter qu'elle était trop heureuse ; aussi n'a-t-elle quitté ses bienfaiteurs que dans le but d'assurer le salut de son âme, en rentran dans une situation plus modeste.

Au nombre de ses plus nobles amitiés, cette famille comptait Mgr Pifferi, prélat romain que des affaires appelaient souvent en France et qui devenait assez fréquemment l'hôte des châteaux qu'elle possédait dans la Gironde et le Lot-et-Garonne.

Mgr Pifferi avait entendu de la bouche de Caroline le récit de sa guérison. Emerveillé du fait, il avait exprimé le désir d'en placer la Relation officielle sous les yeux du Souverain Pontife : les pieux châtelains en firent donc relier un exemplaire magnifiquement pour être remis à Sa Sainteté le Pape Léon XIII.

A quelque temps de là, une lettre venue du Vatican annonce que le Saint-Père, profondément touché des merveilles opérées par Notre-Dame de Lourdes, voulait voir la miraculée elle-même.

Quel coup de la Providence pour Caroline lorsqu'elle apprit par ses bienfaiteurs qu'ils allaient la conduire à Rome aux pieds du Pape : c'était au mois d'avril 1888, époque du jubilé sacerdotal de Léon XIII. Présentée au Saint-Père par Mgr Pifferi, Caroline fut reçue avec une bonté toute paternelle. Léon XIII lui prit les deux mains dans les siennes, la bénit, et lorsqu'elle lui exprima sa joie, son bonheur de l'honneur auquel il l'avait appelée et dont elle se trouvait indigne, il lui dit : « Mon enfant, la sainte Vierge a été si bonne pour vous, elle vous a comblée de tant de grâces, que nous aussi nous sommes heureux de vous bénir ! » — Caroline lui présentant ensuite une longue liste de personnes qui imploraient sa bénédiction, le Saint-Père ajouta gracieusement : « Je vous bénis, mon enfant, et tous ceux dont vous me présentez les noms. »

Après trois années passées dans la famille qui

l'avait accueillie, Caroline se retira dans l'asile béni de l'Immaculée-Conception, auprès de sa bonne Mère de Lourdes.

Là encore, elle pourra servir de témoignage à l'action divine. De chaque pèlerinage, venant à la Grotte justement célèbre, se détache un groupe animé d'une pieuse curiosité. Ce sont les Niortais, les Provençaux, les pèlerins d'Amiens, de Narbonne. Ils étaient présents le 2 juillet 1873, ils ont vu Caroline infirme et, dans l'espace d'un moment, Caroline pleine de vigueur et de santé. Ils se dirigent vers le couvent de l'Immaculée-Conception, suivis de nouvelles recrues désireuses elles aussi de voir la grande miraculée et d'admirer de près la toute-puissance créatrice de notre Dieu.

A la suite de Marie chantant son immortel *Magnificat*, Caroline, en rapport avec les âges les plus différents, les conditions les plus opposées, prêtres et laïques, vieillards et enfants, savants et gens du peuple, paysans et grandes dames, pourra s'écrier elle aussi : « Le Tout-Puissant a fait en moi de grandes choses... Il a daigné regarder la bassesse de sa servante... Que mon âme exalte le Seigneur ! »

DOUX CŒUR DE MARIE, SOYEZ MON SALUT !

RENSEIGNEMENTS

UTILES AUX PÉLERINS

Au couvent de l'Immaculé-Conception (voir le n° 7 de la gravure placée au commencement du volume) qui a pour but l'adoration du Très-Saint-Sacrement et l'Association pour le soulagement des âmes du purgatoire, il y a tous les jours exposition du Très-Saint-Sacrement après la messe, et le soir, à 5 heures, bénédiction.

Les religieuses reçoivent des dames, comme pensionnaires, à l'époque des pèlerinages et même durant toute l'année. On peut faire des retraites particulières dans la maison ou suivre les retraites générales prêchées dans la chapelle.

BIBLIOTHÈQUE NATIONALE
R. F.
IMPRIMÉS

TABLE DES MATIÈRES

POITIERS. — TYPOGRAPHIE OUDIN ET Cⁱᵉ

www.ingramcontent.com/pod-product-compliance
Lightning Source LLC
LaVergne TN
LVHW021151050726
842519LV00002B/588